EL DERECHO DE LAS NUEVAS GENERACIONES A VIVIR EN ENTORNOS SEGUROS

PROPUESTAS JURÍDICAS Y PSICOSOCIALES

ACCESO GRATIS *a la Lectura en la Nube*

Para visualizar el libro electrónico en la nube de lectura envíe junto a su nombre y apellidos una fotografía del código de barras situado en la contraportada del libro y otra del ticket de compra a la dirección:

ebooktirant@tirant.com

En un máximo de 72 horas laborales le enviaremos el código de acceso con sus instrucciones.

EL DERECHO DE LAS NUEVAS GENERACIONES A VIVIR EN ENTORNOS SEGUROS

Propuestas jurídicas y psicosociales

Directora
María Aránzazu Calzadilla Medina

Codirectora
Claudia Hernández López

Coordinadora
Verónica Daniela Díaz Sazo

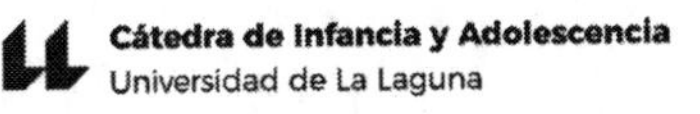

tirant lo blanch
Valencia, 2025

En caso de erratas y actualizaciones, la Editorial Tirant lo Blanch publicará la pertinente corrección en la página web www.tirant.com.

Esta obra colectiva es resultado del Grupo de Investigación "Derecho, persona y familias" de la Universidad de La Laguna.

Cada autor o autora es responsable exclusivamente de su trabajo.

EDITA: TIRANT LO BLANCH
C/ Artes Gráficas, 14 - 46010 - Valencia
TELFS.: 96/361 00 48 - 50
FAX: 96/369 41 51
Email: tlb@tirant.com
www.tirant.com
Librería virtual: www.tirant.es
DEPÓSITO LEGAL: V-2674-2025
ISBN: 978-84-1095-857-9

Si tiene alguna queja o sugerencia, envíenos un mail a: *atencioncliente@tirant.com*. En caso de no ser atendida su sugerencia, por favor, lea en *www.tirant.net/index.php/empresa/politicas-de-empresa* nuestro procedimiento de quejas.

Responsabilidad Social Corporativa: http://www.tirant.net/Docs/RSCTirant.pdf

A quienes creen, trabajan y luchan
por un mundo libre de violencia y en paz

(...) se promoverá la inclusión en el mundo académico del estudio y la investigación de los derechos de la infancia y la adolescencia en general y de la violencia sobre los mismos en particular (...)

Art. 37 de la Ley Orgánica 8/2021, de 4 de junio, de protección integral a la infancia y la adolescencia frente a la violencia

No necesitamos pistolas y bombas para traer la paz. Necesitamos amor y compasión.

Anjezë Gonxhe Bojaxhiu (Madre Teresa de Calcuta)
Premio Nobel de la Paz en 1979

Índice

Prólogo

El reto de conseguir entornos seguros para la infancia y la adolescencia es un desafío complejo y multifacético que puede ser abordado desde diversas perspectivas, dado que las situaciones que propician que vivan en ambientes vulnerables son múltiples y variadas. Factores como la desigualdad social, la exclusión económica, la ruptura familiar, la discriminación por cualquier causa, la falta de acceso íntegro a servicios básicos como la educación o la salud, se presentan como trascendentales a la hora de creación de entornos poco seguros. Estos contextos que promueven la vulnerabilidad tienen un impacto directo en el desarrollo de los niños y niñas, lo que hace que la cuestión de su bienestar requiera una atención urgente.

En este sentido, la eliminación de la violencia —en cualquiera de sus formas, ya sea física, psciológica, sexual o simbólica— se erige como una *conditio sine qua non* ya que no solo representa una amenaza inmediata para la integridad de los seres humanos en general, sino que también deja cicatrices a largo plazo, afectando su salud mental y sus oportunidades futuras, algo que aumenta exponencialmente si quien la sufre no es un mayor de edad. Por lo tanto, el abordaje de este problema debe ser integral y, al mismo tiempo, multidisciplinar, involucrando la investigación y colaboración de expertos y expertas de distintas áreas, además de estar respaldado por políticas públicas que fomenten la colaboración interinstitucional y promuevan la participación activa de las comunidades. La que la protección de las nuevas generaciones es una responsabilidad compartida que exige el compromiso de todos los sectores de la sociedad.

El *Precongreso mundial por los derechos de la infancia y la adolescencia "El reto de la eliminación de la violencia"* se celebró presencialmente en la Facultad de Derecho de la Universidad de La

Laguna los días 26 y 27 de septiembre de 2024, bajo la dirección de la **Dra. María Aránzazu Calzadilla Medina** y la codirección de la **Dra. Claudia Hernández López**, ejerciendo como Secretaria Académica la **Dra. Verónica Daniela Díaz Sazo**, todas ellas profesoras de distintas áreas jurídicas de la Universidad de La Laguna.

Contó con un comité científico interdisciplinar y transdisciplinar, compuesto por académicos y académicas de distintas partes del mundo así como con un comité organizador de excepción, conformado por investigadores e investigadoras de la Universidad de La Laguna.

De carácter interdisciplinar y multidisciplinar, se inauguró por el Sr. Rector Magnífico de la Universidad de La Laguna, **Dr. Francisco Javier García Rodríguez**, a quien acompañaron **Dña. Sandra Rodríguez González**, Directora General de Protección a la Infancia y a las Familias de la Consejería de Bienestar Social, Igualdad, Juventud, Infancia y Familias del Gobierno de Canarias, **D. Alberto Lemus Gorrín**, Director Insular de Participación Ciudadana del Excmo. Cabildo Insular de Tenerife, así como la Directora académica del evento.

Fue organizado por el Grupo de Investigación de la Universidad de La Laguna "Derecho, persona y familias" en colaboración con ADDIA (Asociación sin ánimo de lucro para la Defensa de los Derechos de la Infancia y la Adolescencia, presidida por el Dr. Carlos Villagrasa Alcaide, que es también el Presidente del Comité Internacional de los Congresos Mundiales por los Derechos de la Infancia y la Adolescencia.). Al mismo asistieron profesionales de distintos ámbitos que desempeñan en su día a día tareas relacionadas con la infancia y la adolescencia. También se abrió la posibilidad de participar virtualmente, asistiendo muchos investigadores, investigadoras, profesionales y estudiantes de distintos lugares de España y del mundo.

En él intervinieron como ponentes auténticos expertos y expertas en las temáticas que trataron, procedentes de distintas universidades: Universidad La Sapienza de Roma (Italia), Universidad de Chile (Chile), Universidad de Panamá (Panamá), Universidad de Parma (Italia), Universidad Autónoma de Madrid, Universidad Complutense de Madrid, Universidad de Sevilla, Universidad Politécnica de Valencia, Universidad Pablo de Olavide, Universidad de Barcelona, así como de la propia Universidad de La Laguna. También se contó con la intervención del Magistrado titular del único Juzgado especializado en España en violencia contra la Infancia y la Adolescencia. A lo largo de intensas sesiones, se puso de manifiesto, desde distintas disciplinas, múltiples situaciones de violencia que experimenta hoy en día la infancia y la adolescencia a la vez que se analizaron herramientas, proyectos y propuestas para ponerles freno.

De esta manera, se trataron temas como la parentalidad positiva, la calidad de los servicios, la falta de afecto, el enjuiciamiento de delitos cometidos contra las personas menores de edad, la violencia contra niñas y adolescentes, la violencia simbólica, la violencia vicaria, el papel de la familia y de la Administración Pública ante la violencia, la violencia ejercida mediante la tecnología o la que se pone de manifiesto a raíz de la ruptura familiar (violencia vicaria), las migraciones, la prueba pericial psicológica, la educación en derechos humanos, la autonomía progresiva de niños, niñas y adolescentes o la mediación como herramienta para conseguir la paz, entre otros.

Este evento se enmarcó en dos proyectos de investigación nacionales y contó con el apoyo de cuatro grupos de investigación consolidados. La financiación principal fue aportada por el Vicerrectorado de Investigación y Transferencia de la Universidad de La Laguna, si bien se contó con el apoyo económico de otras entidades.

También colaboraron distintas entidades, tales como el Gobierno de Canarias, el Excelentísimo Cabildo Insular de Tenerife, la Facultad de Derecho de la Universidad de La Laguna, el Centro de Documentación Europea de la Universidad de La Laguna, el Ilustre Ayuntamiento de San Cristóbal de La Laguna, la Red nacional de Universidades españolas por la Infancia y Adolescencia (RUIA), la Cátedra de Infancia y Adolescencia de la Univ. de La Laguna, la Cátedra de Infancia y Adolescencia de la Univ. Politécnica de Valencia, el Centro Interuniversitario Internacional de Estudios de la Paz, de la Mediación y la Convivencia de la Univ. de La Laguna, la Conferencia Universitaria Internacional para el Estudio de la Mediación y el Conflicto (CUEMYC), la *UNESCO Chair: Transformative Education: Science, Communication and Society* de la Universidad de Vigo y el Centro de Estudios de Desigualdad Social y Gobernanza de la Universidad de La Laguna, entre otras entidades extranjeras.

El Congreso puso de manifiesto, en definitiva, que el que nuestros niños y niñas sufran violencia, de muy distinta intensidad, visibiliza que nuestra sociedad y este mundo tiene aún una gran tarea pendiente así como la gran importancia de tratar este tema desde la Universidad. La Agenda 2030 de la ONU recoge entre sus 17 Objetivos de Desarrollo Sostenible la necesidad de protección de la infancia y la adolescencia frente a la violencia. Concretamente el Objetivo 16 (Promover sociedades justas, pacíficas e inclusivas para un desarrollo sostenible, brindar acceso a la justicia para todos y fomentar instituciones eficaces, responsables e inclusivas en todos los niveles) plantea en su segunda meta: poner fin a todas las formas de violencia contra los niños y las niñas. Además, el propósito de finalizar con el maltrato, el descuido y la explotación infantil, ya sea en mayor o menor intensidad, está presente en otras muchas metas de los Objetivos de Desarrollo Sostenible. En esta línea, tuvo un especial protagonismo, al celebrarse en España, el análisis de la Ley Orgánica 8/2021, de 4 de junio, de protección integral a la infancia y la adolescencia frente a la violencia pese a que, en todo momento, la proyección del Congreso fue internacional.

Este libro recoge las principales conclusiones y aportaciones realizadas en el marco del congreso, pudiendo destacarse de manera general, que el enfoque interdisciplinar a nivel doctrinal es muy valioso –algo que debería ser tenido en cuenta en cualquier estudio pero, sobre todo, en los casos en los que las investigaciones tienen como base temas sociales–. Asimismo la interactuación con profesionales que trabajan día a día con la infancia y la adolescencia y sus familias, hace que se haya propiciado la combinación perfecta para que el estudio y análisis de los temas propuestos haya redundado en un resultado óptimo.

Por último, no puede dejar de señalarse que este evento académico constituyó una de las antesalas del *X Congreso Mundial por los Derechos de la Infancia y la Adolescencia* que se celebró los días 14 y 15 de noviembre de 2024 en la Universidad de La Sapienza (Roma, Italia), bajo la dirección del Prof. Vicenzo Barba, Catedrático de Derecho Civil de dicha Universidad (que fue, a su vez, ponente del Congreso de La Laguna). En este evento mundial, celebrado con éxito en Roma, el eje temático giró en torno a la autonomía progresiva de la infancia y la adolescencia. En este importante Congreso colaboró también la Cátedra institucional de Infancia y Adolescencia de la Universidad de La Laguna financiada, en su integridad, por el Gobierno de Canarias.

Dra. María Aránzazu Calzadilla Medina
Directora
Coordinadora del Grupo de investigación "Derecho, persona y familia"

Capítulo 1

La promoción de parentalidad positiva como estrategia de prevención de la violencia contra la infancia y la adolescencia

DRA. MARÍA VICTORIA HIDALGO MARTÍN[1]

Catedrática de Psicología Evolutiva y de la Educación

Universidad de Sevilla

El reconocimiento de los derechos de la infancia y la adolescencia, así como la obligación prioritaria de los poderes públicos de proteger a niños, niñas y adolescentes frente a la violencia, son principios bien fundamentados tanto de la legislación estatal como en diversos tratados internacionales. A nivel internacional, la Convención sobre los Derechos del Niño, adoptada por la Asamblea General de las Naciones Unidas el 20 de noviembre de 1989 y ratificada por España en 1990, supone probablemente el hito más importante e influyente en la concepción y en la atención que se brinda actualmente a la infancia y la adolescencia (Naciones Unidas, 1989). Tras varios intentos previos, esta declaración constituye el primer instrumento jurídico internacional que reconoce los derechos de las personas menores de edad y tiene fuerza vinculante para desarrollar políticas de protección en todos los países firmantes.

1 E-mail: victoria@us.es ORCID: https://orcid.org/0000-0002-9179-2722

Como en otros países, este reconocimiento internacional de niños, niñas y adolescentes como sujetos con derechos influyó profundamente en la renovación del ordenamiento jurídico en materia de infancia y familia de nuestro país, facilitando modificaciones en el marco legislativo que han sido determinantes para las políticas y actuaciones actuales de prevención de la violencia contra la infancia y la adolescencia. En este sentido, la responsabilidad de la protección a la infancia y la adolescencia es reconocida en el artículo 39 de la Constitución Española y, de acuerdo con los principios rectores recogidos en la carta magna, España debe fomentar todas las medidas legislativas, administrativas, sociales y educativas necesarias para garantizar el derecho del niño, niña o adolescente a desarrollarse libre de cualquier forma de violencia, perjuicio, abuso físico o mental, descuido o negligencia, malos tratos o explotación. Para hacer efectivo su cumplimiento, la legislación española ha ido incorporando progresivamente normativas que han permitido ir consolidando el derecho de las personas menores de edad a ser protegidas frente a la violencia. En esta trayectoria es necesario destacar la Ley Orgánica 8/2015, de 22 de julio, y la Ley 26/2015, de 28 de julio, de modificación del sistema de protección de la infancia y la adolescencia, que introducen como principio rector de la actuación administrativa el amparo de las personas menores de edad contra todas las formas de violencia, incluidas las producidas en su entorno familiar, de género, la trata y el tráfico de seres humanos y la mutilación genital femenina, entre otras.

Más recientemente, la Ley Orgánica 8/2021, de 4 de junio, de protección integral a la infancia y la adolescencia frente a la violencia (LOPIVI), trata de combatir la violencia sobre la infancia y la adolescencia desde una aproximación integral. Para ello, esta ley reconoce el carácter multidimensional de los factores de riesgo y trata de ir más allá de los marcos administrativos, penetrando en numerosos órdenes jurisdiccionales para afirmar su voluntad holística. Desde una perspectiva didáctica, la LOPIVI otorga una prioridad esencial a la prevención, la socialización y la educación, tanto entre las personas menores de edad como entre las familias y la propia sociedad civil. Así, en concreto, el Artículo 23 de esta ley establece como actuaciones en materia de prevención "*Las dirigidas a la promoción del buen trato en todos los ámbitos de la vida de los niños, niñas y adolescentes, así como todas las orientadas a la formación en parentalidad positiva*" (p. 68678). En la misma línea, en relación con la necesidad de llevar a cabo actuaciones específicas en el ámbito familiar, el Artículo 27 establece que "*Las administraciones públicas impulsarán medidas de política familiar encaminadas a apoyar los aspectos cualitativos de la parentalidad positiva en progenitores o quienes ejerzan funciones de tutela, guarda o acogimiento*" (p. 68681).

Todas estas regulaciones jurídicas se fundamentan en las evidencias existentes sobre el papel crucial que desempeña la familia para asegurar el desarrollo y el bienestar durante la infancia y la adolescencia, científicamente muy sólidas y bien conocidas. Si bien la influencia de la familia para asegurar el bienestar de las nuevas generaciones sigue vigente, los cambios sociales y la creciente complejidad del funcionamiento familiar han contribuido a que las familias perciban importantes dificultades e inseguridades al afrontar sus tareas y responsabilidades educativas, convirtiéndose en retos para los que no todas las figuras parentales se sienten igualmente preparadas. El hecho de que las necesidades de apoyo de las familias se hayan agudizado, junto a la mayor preocupación y sensibilidad social por los derechos de la infancia, ha aumentado la conciencia política acerca de la importancia de poner en marcha actuaciones que apoyen a mujeres y hombres en el ejercicio de la parentalidad. De hecho, las actuaciones de intervención y apoyo familiar encaminadas a garantizar que las familias cumplan adecuadamente sus funciones y responsabilidades educativas se han convertido actualmente en un eje central y prioritario de las políticas sociales de la gran mayoría de los países de nuestro entorno (Daly, 2013; Hidalgo, 2022).

Para el desarrollo de las políticas de apoyo familiar y al amparo de las normativas internacionales y estatales mencionadas, la administración pública española ha ido conformando un marco organizativo a nivel estatal, autonómico y local que da cobertura y fundamenta los distintos servicios de apoyo familiar. En concreto y al igual que en el resto de países europeos, los planteamientos que emanan del marco de la parentalidad positiva, junto a los principios del enfoque de la preservación familiar y una sólida perspectiva de derechos, constituyen en la actualidad el eje vertebrador de las políticas de atención a las familias en nuestro país, entendiendo las actuaciones de apoyo familiar encaminadas a la promoción de parentalidad positiva como la mejor estrategia para la prevención de la violencia contra la infancia y la adolescencia (Consejo de Europa, 2006; 2021; Ley Orgánica 8/2015; Ley Orgánica 8/2021).

Reforzando el valor y la importancia social que actualmente se otorga al ejercicio de la parentalidad, el **enfoque de la parentalidad positiva** constituye actualmente el principal referente para el desarrollo de las actuaciones de apoyo familiar que tienen como objetivo garantizar el bienestar de niños, niñas y adolescentes. Este enfoque ha experimentado un importante auge a partir de la Recomendación 19 del Consejo de Europa de 2006 sobre Políticas de apoyo al ejercicio positivo de la parentalidad, donde se define la parentalidad positiva como "*el comportamiento de los padres fundamentado en el interés superior del menor, que cuida, desarrolla sus capacidades, no es violento y ofrece reconocimiento y orientación que incluyen el establecimiento de límites que permitan el pleno desarrollo del niño*" (Consejo de Europa, 2006, p. 3). Según las directrices desarrolladas en esta recomendación europea, el objetivo de la crianza debe ser el establecimiento de unas relaciones positivas con los hijos e hijas; unas relaciones que deben estar basadas en el ejercicio de la responsabilidad parental y que deben garantizar los derechos de niños, niñas y adolescentes, así como promover su desarrollo potencial y su bienestar con prácticas libres de todo tipo de violencia. En este sentido, un ejercicio positivo de la parentalidad implica la puesta en marcha de unas prácticas educativas basadas en el afecto, el apoyo, la comunicación, la estimulación y la estructuración en rutinas, en el establecimiento de límites, normas y consecuencias, así como en el acompañamiento y la implicación en la vida cotidiana de los hijos e hijas, excluyendo el uso de cualquier tipo de violencia (Consejo de Europa, 2006; Daly, 2007). Esta forma de entender la parentalidad se completa con la adopción de un enfoque plural que destaca la diversidad en el ejercicio de los roles de padre y madre y el convencimiento de que se trata de una actividad para la que se necesita apoyo. Consecuentemente, esta normativa internacional establece la obligación de los estados de garantizar las condiciones sociales de la parentalidad para que todas las familias disfruten de sus derechos y atiendan sus obligaciones. Para ello, se insta a los países a poner en marcha tanto medidas de política familiar encaminadas a proporcionar las condiciones materiales necesarias para las familias, como actuaciones de apoyo parental centradas en los contenidos de las tareas y funciones parentales. Asimismo, se destaca la necesidad de contar tanto con recursos universales para todas las familias como con programas específicos para atender a las familias con más necesidades de apoyo (Consejo de Europa, 2006).

Desde el enfoque de la parentalidad positiva, la intervención familiar se concibe desde una perspectiva positiva, preventiva y fortalecedora que, adoptando un enfoque plural, respeta la diversidad en el ejercicio de los roles de padre y madre, reconociendo que no existe un modelo ideal y único de ejercer dichos roles. Esta diversidad en el ejercicio de los roles de madre y padre se explica en gran parte por la ecología de la parentalidad, que implica que la mayor o menor adecuación en el ejercicio parental vendrá determinada por el grado de ajuste entre las necesidades específicas de los hijos e hijas, las competencias de las figuras parentales para atender esas necesidades evolutivo-educativas y el contexto psicosocial que rodea a la familia, que podrá facilitar o dificultar el desempeño de la parentalidad y el funcionamiento familiar (Rodrigo et al., 2015). Aunque la consideración y el análisis de la ecología parental de cada familia debe constituir el punto de partida de la intervención, acorde con estos planteamientos, se entiende que el objetivo central de la intervención familiar debe ser el fortalecimiento de las competencias parentales, incluyendo tanto las de naturaleza educativa como las de índole más personal y las relacionadas con la búsqueda de los recursos de apoyo (Hidalgo et al., 2022).

Desde la concepción positiva y fortalecedora que acabamos de defender, la finalidad fundamental de la intervención familiar debe ser facilitar procesos de cambio enriquecedores —tanto a nivel individual como relacional— que promuevan un funcionamiento familiar que garantice la satisfacción de las necesidades evolutivo-educativas de niños, niñas y adolescentes evitando cualquier tipo de violencia en el contexto familiar. Esta finalidad, no obstante, puede ser abordada desde perspectivas y planteamientos muy diferentes; de hecho, las actuaciones de intervención y apoyo familiar se han incrementado y han evolucionado mucho en las últimas décadas, tanto en lo relacionado con los principios que las sustentan como en sus modalidades de aplicación, contando en la actualidad con muchas más actuaciones que son cada vez más diversas, cuentan con fundamentos más sólidos y muestran un mejor ajuste a las necesidades de apoyo de las familias (Hidalgo et al., 2024). En concreto y siguiendo las regulaciones internacionales y nacionales que abogan por diversificar los recursos, las actuaciones de apoyo parental pueden y deben abordarse desde distintos ámbitos y modalidades de intervención, situando las actuaciones de intervención familiar a distintos niveles de prevención en función de las necesidades de apoyo que experimentan las familias (Consejo de Europa, 2006; Frost et al., 2015).

Junto al convencimiento de la utilidad y necesidad de promover la parentalidad positiva como estrategia de prevención de la violencia contra la infancia y la adolescencia, existe un creciente compromiso con que estas intervenciones de apoyo familiar incorporen prácticas y actuaciones basadas en la evidencia (Jiménez e Hidalgo, 2016; Rodrigo et al., 2023). Así, el principal reto radica actualmente en garantizar que las intervenciones que se pongan en marcha cuenten con evidencias científicas de que son efectivas y que cumplan con los estándares de calidad reconocidos a nivel internacional en relación con el diseño, implementación y evaluación de las intervenciones psicosociales de carácter preventivo (Asmussen, 2011; Gottfredson et al., 2015).

Referencias

Asmussen, K. (2011). *The evidence-based parenting practitioner's handbook.* Routledge.

Consejo de Europa (2006). *Recomendación Rec (2006)19 del Comité de Ministros a los Estados Miembros sobre Políticas de apoyo al ejercicio positivo de la parentalidad. Informe explicativo.* Consejo de Europa.

Consejo de Europa (2021). Council Recommendation (EU) 2021/1004 of 14 June 2021 establishing a European Child Guarantee. *Official Journal of the European Union, 223,* 14-23.

Daly, M. (2007). *Parenting in contemporary Europe: A positive approach.* Consejo de Europa.

Daly, M. (2013). Parenting support policies in Europe. *Families, Relationships and Societies, 2*(2), 159-174. https://doi.org/10.1332/204674313X666886.

Frost, N., Abbott, S. y Race, T. (2015). *Family support.* Polity Press.

Gottfredson, D. C., Cook, T. D., Gardner, F. E, Gorman-Smith, D., Howe, G. W., Sandler, I. N. y Zafft, K. M. (2015). Standards of evidence for efficacy, effectiveness, and scale-up research in prevention science: next generation. *Prevention Science, 16*(7), 893-926.

Hidalgo, V. (2022). Procesos de innovación y mejora en el ámbito de la intervención familiar. El papel de las y los profesionales en la incorporación de buenas prácticas basadas en la evidencia. *Apuntes de Psicología, 40*(3), 117-125. https://doi.org/10.55414/ap.v40i3.1420

Hidalgo, V., Jiménez, L., Lorence, B. y Sánchez, M. (2022). Competencias parentales necesarias para un ejercicio positivo de la parentalidad. Un modelo para su evaluación y promoción. En S. Rivas y C. Beltramo (Coords.). *Parentalidad positiva. Una mirada a una nueva época* (pp.87-106). Pirámide.

Hidalgo, V., Maya, J., Jiménez, L. y Pérez, S. Modalidades de intervención y apoyo a las familias. (2024). En L. Jiménez y V. Hidalgo (Coords.). *Intervención familiar. Necesidades y apoyos* (pp. 127-174). Universidad de Sevilla.

Jiménez, L. e Hidalgo, V. (2016). La incorporación de prácticas basadas en evidencias en el trabajo con familias: los programas de promoción de parentalidad positiva. *Apuntes de Psicología, 34*(2-3), 91-100.

Ley Orgánica 8/2015, de 22 de julio, de modificación del sistema de protección a la infancia y a la adolescencia. *Boletín Oficial del Estado, 175,* 61871-61889.

Ley Orgánica 8/2021, de 4 de junio, de protección integral a la infancia y la adolescencia frente a la violencia. *Boletín Oficial del Estado, 134,* 68657-68730.

Naciones Unidas (1989). *Convención de los Derechos del Niño (Treaty Series, 1577,* 3).

Rodrigo, M.J., Máiquez, M.L., Martín, J.C. y Rodríguez, B. (2015). La parentalidad positiva desde la prevención y la promoción. En M.J. Rodrigo (Coord.), *Manual práctico de parentalidad positiva* (pp. 25-43). Síntesis.

Rodrigo, M.J., Hidalgo, V., Byrne, S. Bernedo, I. M. y Jiménez, L. (2023). Evaluation of programmes under the positive parenting initiative in Spain: Introduction to the special issue. *Psicología Educativa, 29*(1), 1-13. https://doi.org/10.5093/psed2022a5

Capítulo 2

Garantía de calidad en la atención a la infancia, adolescencia y familias

DRA. MARÍA JOSÉ RODRIGO LÓPEZ[2]
Catedrática Emérita de Psicología Evolutiva y de la Educación
Universidad de La Laguna

El enfoque de la Parentalidad Positiva proviene de la Recomendación Rec (2006) 19 del Comité de Ministros del Consejo de Europa a los 47 Estados miembros sobre políticas de apoyo al ejercicio positivo de la parentalidad (Daly, 2013). La Parentalidad Positiva es un enfoque integrador que permite reflexionar sobre la tarea parental dentro de la familia en la sociedad actual y su importante papel en la protección de los derechos de la infancia, al tiempo que desarrolla recomendaciones prácticas sobre cómo articular los apoyos a las familias desde los servicios y entidades sociales. Asimismo, destaca la corresponsabilidad del estado en el apoyo al ejercicio de la parentalidad desde un enfoque preventivo, fortalecedor y centrado en el uso de prácticas profesionales basadas en estándares de calidad. El reconocimiento de los derechos de la infancia y la adolescencia, así como la obligación prioritaria de los poderes públicos de proteger a niños, niñas y adolescentes frente a la violencia, son principios bien fundamentados tanto de la legislación estatal como en diversos tratados internacionales.

Fruto de la colaboración antes mencionada se establecieron tres líneas de trabajo en las que estoy participando como co-

2 E-mail: mjrodri@ull.es ORCID: https://orcid.org/0000-0001-5504-886X

ordinadora del grupo de expertos para consolidar la acción política en parentalidad positiva:

En primer lugar, el establecimiento de una *alianza entre agencias nacionales, universidad y profesionales.* El departamento de Familias del Ministerio de Sanidad, Servicios Sociales e Igualdad de España (hoy Ministerio de Derechos Sociales, Consumo y Agenda 20-30) creó una línea de colaboración con la Federación Española de Municipios y Provincias (FEMP), una asociación de ámbito estatal de 7.331 servicios locales de apoyo familiar. Se formó un grupo de personas expertas de siete universidades españolas, igualmente se incorporaron profesionales que trabajan en el ámbito en los diversos materiales realizados, siguiendo iniciativas similares a nivel internacional (Bellamy et al., 2008). Los primeros frutos de esta colaboración (2010-2011) fueron materiales científicos y didácticos para difundir el marco de parentalidad positiva. Posteriormente (2012-2015) se llevó a cabo una identificación y evaluación de programas de parentalidad positiva basados en la evidencia implementados en España incluidos en la intranet.

En segundo lugar, la i*ntroducción de una cultura basada en la evidencia para el trabajo profesional.* El trabajo del grupo de personas expertas se dirigió a la implantación del enfoque preventivo con las familias y a introducir la práctica basada en la evidencia como modelo de práctica profesional (Rodrigo, Máiquez, Martín, y Rodríguez, 2015). En este sentido resultó muy relevante el apoyo formal de las agencias nacionales e instituciones locales, para motivar a los profesionales para ejecutar los cambios necesarios. También se consideró muy importante desarrollar un consenso profesional sobre el contenido de las buenas prácticas en el trabajo con familias, tales como la implementación de programas de parentalidad que aporten a los equipos profesionales conocimiento en el uso de prácticas respaldadas por la evidencia científica y el consenso profesional. Con ello se promueve la sostenibilidad temporal para garantizar la adaptación del enfoque basado en la evidencia, entre cuyas características esenciales destaca la necesidad de evaluaciones sólidas de los servicios, prácticas y programas (Asmussen, 2011; Bellamy, Bledsoe, Mullen, Fang, y Manuel, 2008; Gottfredson, Cook, Gardner, Gorman-Smith, Howe, Sandler, y Zafft, 2015; Jimenez e Hidalgo, 2016).

Por último, la *creación de una página web* (familiasenpositivo.org) *para promover las competencias parentales de las familias y mejorar la atención que les prestan los equipos profesionales*. El grupo de personas expertas elaboró esta página cuyo objetivo es promover el ejercicio positivo de la parentalidad y fortalecer su apoyo en las políticas y servicios públicos de los gobiernos locales y en las ONG. La página ofrece un espacio abierto (extranet) donde las familias pueden encontrar información, orientación, motivos de reflexión y, sobre todo, un mensaje positivo que los acompañe en su día a día. También ofrece un espacio restringido (intranet) donde profesionales e investigadores pueden acceder al protocolo online, basado en la Guía de Buenas Prácticas en Parentalidad Positiva (Rodrigo et al., 2015), que les permite autoevaluar sus buenas prácticas profesionales en las instituciones que lo soliciten y mejorar los servicios, prácticas profesionales y programas desde el enfoque basado en la evidencia.

El foco actual de esta colaboración tripartita está en incrementar la garantía de calidad en la atención prestada a la infancia, la adolescencia y las familias. De ello se hace eco esta presentación dando cuenta de los avances llevados a cabo en la propia implementación del enfoque de la Parentalidad Positiva, la elaboración de Guías de buenas prácticas basadas en evidencias y en la Guía de competencias interprofesionales que se requieren para llevarlas a cabo. La primera guía elaborada contiene un Protocolo de Buenas Prácticas desde el enfoque de la parentalidad positiva compuesto por 25 buenas prácticas organizadas en tres ámbitos de contenido: 1) Características de los servicios de apoyo a las familias y cultura organizacional; 2) Proceso del trabajo profesional con las familias; y 3) Uso de programas basados en evidencias en el trabajo con las familias. Este protocolo está disponible en la intranet de la página familiaenpositivo.org. Hasta la actualidad, un total de 302 servicios de atención a infancia, adolescencia y familias de toda España han cumplimentado dicho protocolo mediante un proceso de autoevaluación. En cuanto a las características de estos dispositivos, se trata mayoritariamente de servicios públicos (64%), de ámbito local (65%) y pertenecientes a Servicios Sociales (69%). No obstante, se aprecia también una presencia importante de servicios ofrecidos por ONG (32%), desde el ámbito de educación (12%) y otros sectores muy diversos (Salud, Justicia, etcétera), lo que indica el carácter intersectorial de las actuaciones de atención a infancia, adolescencia y familias, aunque estos últimos menos representados.

Los diferentes trabajos realizados también han puesto de relieve la necesidad de profundizar en las competencias profesionales necesarias para llevar a cabo tanto las buenas prácticas, como para la aplicación de los programas desde el enfoque de la parentalidad positiva. En el contexto español, los servicios y programas de atención y apoyo a las familias se llevan a cabo con equipos multidisciplinares. Equipos que, al pertenecer a diferentes disciplinas necesitan contar con una serie de competencias interprofesionales para trabajar de manera conjunta y coordinada. La Guía de Competencias Interprofesionales en Parentalidad Positiva (Rodrigo et al., 2021) es un recurso dirigido a la mejora de la capacitación y formación de los profesionales, los servicios y entidades que trabajan en este ámbito. En esta guía se definen las competencias interprofesionales siguiendo la modalidad interdisciplinar o transdisciplinar. Por lo tanto, aunque hay un reconocimiento de las competencias de cada colectivo profesional, se profundiza en las competencias dirigidas a un modelo de atención profesional que trabaje de modo integrado y coordinado. Con esta concepción, las competencias aparecen agrupadas en tres grandes ámbitos que corresponden a los tres apartados que se valoran en la Guía de Buenas Prácticas en Parentalidad Positiva (Rodrigo et al., 2015).

Además de abundar en la descripción de dichas Guías, se presentan estudios empíricos donde se constatan los avances en la garantía de calidad en los servicios y entidades sociales que han aplicado dicha Guía de Buenas Prácticas, las necesidades formativas de los equipos profesionales detectadas a partir de la Guía de Competencias interprofesionales y reflejadas en los planes de mejora, así como los futuros retos que habrá que abordar.

Referencias

Asmussen, K. (2011). *The evidence-based parenting practitioner's handbook.* Routledge.

Bellamy, J. L., Bledsoe, S. E., Mullen, E. J., Fang, L., y Manuel, J. I. (2008). Agency-University partnership for evidence-based practice in social work. *Journal of Social Work Education, 44*(3), 55-76. https://doi.org/10.1300/J394v03n01_02

Consejo de Europa (2006). *Recomendación Rec (2006)19 del Comité de Ministros a los Estados Miembros sobre Políticas de apoyo al ejercicio positivo de la parentalidad. Informe explicativo.* Consejo de Europa.

Daly, M. (2013). Parenting support policies in Europe. *Families, Relationships and Societies, 2*(2), 159-174. https://doi.org/10.1332/204674313X666886.

Gottfredson, D. C., Cook, T. D., Gardner, F. E, Gorman-Smith, D., Howe, G. W., Sandler, I. N. y Zafft, K. M. (2015). Standards of evidence for efficacy, effectiveness, and scale-up research in prevention science: next generation. *Prevention Science, 16*(7), 893-926.

Jiménez, L. e Hidalgo, V. (2016). La incorporación de prácticas basadas en evidencias en el trabajo con familias: los programas de promoción de parentalidad positiva. *Apuntes de Psicología, 34*(2-3), 91-100.

Rodrigo, M.J., Máiquez, M.L., Martín, J.C. y Rodríguez, B. (2015). La parentalidad positiva desde la prevención y la promoción. En M.J. Rodrigo (Coord.), *Manual práctico de parentalidad positiva* (pp. 25-43). Síntesis.

Rodrigo, M. J., Amorós, P., Arranz, E., Hidalgo, M. V., Máiquez, M. L, Martín, J. C., Martínez, R. A., y Ochaita, E. (2015). *Guía de buenas prácticas en parentalidad positiva. Un recurso para apoyar la práctica profesional con familias.* Federación Española de Municipios y Provincias (FEMP). https://familiasenpositivo.org/system/files/guia_de_buenas_practicas_2015.pdf.

Rodrigo, M. J., Arranz, E., Balsells, M. A., Hidalgo, M. V., Máiquez, M. L, Martín, J. C., Martinez, R. A., Ochaita, E., y Manzano, A. (2021). *Guía de competencias interprofesionales en parentalidad positiva. Un recurso para fortalecer y consolidar las buenas prácticas en los servicios de infancia, adolescencia y familias.* Federación Española de Municipios y Provincias (FEMP). http://familiasenpositivo.org

Capítulo 3

Los principios rectores de la acción administrativa en relación con menores[3]

DRA. ANDREA GARRIDO JUNCAL[4]
Profesora contratada doctora de Derecho Administrativo
Universidad de Santiago de Compostela

I.-INTRODUCCIÓN

La Ley Orgánica 1/1996, de 15 de enero, de Protección Jurídica del Menor, de modificación parcial del Código Civil y de la Ley de Enjuiciamiento Civil establece, en su art. 11, que «las Administraciones Públicas facilitarán a los menores la asistencia adecuada para el ejercicio de sus derechos, incluyendo los recursos de apoyo que precisen» (apartado 1) y señala cuáles son los principios rectores que regirán la actuación de los poderes públicos en relación con los menores (apartado 2), entre los que figuran la supremacía de su interés superior, la sensibilización de la población ante situaciones de desprotección, su integración familiar y social o la protección contra toda forma de violencia.

---

3 El trabajo se enmarca en las actividades del grupo de investigación GI-1876 "Empresa y Administración"–Grupo de Referencia Competitiva del Sistema Universitario de Galicia–ED431C 2023/29. Xunta de Galicia.

4 https://orcid.org/0000-0003-3332-3255/ andrea.garrido@usc.es

En los últimos años se han aprobado múltiples normas, se han diseñado varias estrategias y se han adoptado infinidad de medidas encaminadas a garantizar la protección de los niños y los adolescentes. La actualización constante en este ámbito se podría explicar por los siguientes hechos. Por un lado, se tiene cada vez una mayor conciencia de que estamos ante un grupo vulnerable y, por tanto, que el mismo merece una especial atención por parte de nuestras autoridades. Por otro, se ha comprobado también que las formas de violencia cambian con el paso del tiempo, de manera que, en la actualidad, por ejemplo, el Gobierno central se ha propuesto regular los entornos digitales con el objetivo de que el uso de los dispositivos electrónicos sea seguro para ellos.

El propósito del trabajo es doble. En primer lugar, nos aproximaremos a algunos de los debates abiertos con ocasión de la tramitación del Anteproyecto de Ley Orgánica para la protección de las personas menores de edad en los entornos digitales, aprobado por el Consejo de ministros el 4 de junio de 2024. En segundo lugar, se trazarán las líneas maestras de lo que supone dar el salto a la desinstitucionalización, tras la presentación de la Estrategia estatal de desinstitucionalización 2024-2030; que es una hoja de ruta liderada por el Ministerio de Derechos Sociales, Consumo y Agenda 2030 a través de la cual se pretende transformar el sistema de cuidados y apoyos de los niños y los adolescentes en situación de vulnerabilidad.

II.-LA PROTECCIÓN DE LOS MENORES EN LOS ENTORNOS DIGITALES

El entorno digital, a la vez que ofrece nuevas oportunidades para el desarrollo personal y social de los menores, plantea riesgos y perjuicios derivados de un uso inadecuado. Por este motivo, el Anteproyecto de Ley Orgánica para la protección de las personas menores de edad en los entornos digitales contempla adaptaciones del Código Penal, así como elevar de los catorce a los dieciséis años la edad mínima para prestar el consentimiento para el tratamiento de datos personales. Asimismo, el Anteproyecto de Ley incluye, por una parte, medidas dirigidas al sector público y, por otro, medidas que afectan al sector privado.

Entre las primeras, la norma obliga a los poderes públicos a elaborar una Estrategia Nacional sobre la protección a la infancia y la adolescencia en el entorno digital y, de manera más específica, a impulsar campañas de sensibilización sobre los derechos de los menores en la esfera digital y los riesgos que esta entraña, con especial atención al consumo de material pornográfico, e investigar sobre los efectos de la tecnología en el desarrollo cognitivo de niños y adolescentes. Además, en el ámbito sanitario, se incluyen medidas en relación con la prevención y promoción de la salud en el uso de las tecnologías de información y comunicación por parte de los menores, así como en relación con la atención especializada a menores con conductas adictivas sin sustancias. En el campo educativo, se apuesta por el fomento de actuaciones de mejora de las competencias digitales del alumnado, con el fin de garantizar su plena inserción en la sociedad digital y el aprendizaje de un uso seguro, sostenible, crítico y responsable de las tecnologías digitales para el aprendizaje, el trabajo y la participación en la sociedad, así como la interacción con estas. A propósito de esto último, se establece que los centros educativos, de acuerdo con las disposiciones que al efecto hayan aprobado las administraciones educativas, regulen como parte de sus normas de funcionamiento y convivencia el uso de dispositivos móviles y digitales en las aulas, en las actividades extraescolares y en lugares y tiempos de descanso que tengan lugar bajo su supervisión.

Por lo que se refiere a las medidas dirigidas al sector privado, el Anteproyecto de Ley impone, por ejemplo, obligaciones a los fabricantes de dispositivos digitales con conexión de internet[5]; prohíbe el acceso y la activación de mecanismos aleatorios de recompensa y obliga, tanto a los prestadores del servicio de comunicación audiovisual como a los prestadores del servicio de intercambio de vídeos, a través de plataforma a establecer enlaces a los canales de denuncias con el fin de que los usuarios puedan notificar posibles infracciones.

A la luz de la norma que se pretende aprobar, es posible extraer algunas conclusiones, aunque sea con carácter preliminar.

a) Parece que irrumpe con fuerza un nuevo derecho en el catálogo de derechos del menor (el derecho al acceso equitativo y efectivo a dispositivos, conexión y formación para el uso de herramientas digitales), aunque el mismo está íntimamente conectado con el derecho al honor, a la intimidad y a la propia imagen y el derecho de los menores a buscar, recibir y utilizar la información adecuada a su desarrollo. Por tanto, sería más correcto decir que estamos ante la consagración de estos últimos derechos.

---

5 Estos proporcionarán información en sus productos en la que se advierta, en un lenguaje accesible, inclusivo y apropiado para todas las edades, de los riesgos derivados del acceso a contenidos perjudiciales para la salud y el desarrollo físico, mental y moral de los menores. De igual modo facilitarán información sobre las medidas de protección de datos y riesgos relacionados con la privacidad y la seguridad; el tiempo recomendado de uso de los productos y servicios, adecuado a la edad de la persona usuaria; los sistemas de control parental; los riesgos sobre el desarrollo cognitivo y emocional y la afección a la calidad del sueño de un uso prolongado de tales servicios. Asimismo, los fabricantes estarán obligados a garantizar que los dispositivos incluyan una funcionalidad de control parental de servicios, aplicaciones y contenidos, cuya activación debe producirse por defecto en el momento de la configuración inicial del dispositivo. La inclusión de la funcionalidad, su activación, configuración y actualización serán gratuitas para el usuario.

b) En la Exposición de motivos del Anteproyecto de Ley se expone que normas y estrategias anteriores ya se habían ocupado de la protección de los menores en los entornos digitales, de manera que una pregunta que nos formulamos es ¿qué aporta o añade de nuevo este Anteproyecto de Ley? Sin entrar a valorar la modificación del Código Penal, lo cierto es que la capacidad del Estado de implementar medidas en los ámbitos sanitario y educativo es muy limitada. De hecho, la prueba más palpable de ello es que la Xunta de Galicia ya aprobó en enero de 2024 un protocolo que regula el uso de los móviles en los centros de enseñanza; acción a la que se insta en el Anteproyecto de Ley.

c) En la Exposición de motivos del Anteproyecto de Ley se detalla: «El impacto en la salud de los niños, niñas y adolescentes por el uso inadecuado de las tecnologías y entornos digitales constituye un motivo creciente de preocupación para las familias, educadores y profesionales de la salud. Aunque existen numerosos estudios, sus resultados son a veces contradictorios o poco concluyentes». En nuestra opinión, si los estudios son poco concluyentes, ¿cómo los fabricantes de dispositivos digitales con conexión de internet van a poder informar sobre, por ejemplo, el tiempo de uso recomendado de un ordenador? Por el contrario, si consideramos que los perjuicios de las pantallas en la salud mental y visual de los menores están demostrados, ¿cuándo las Administraciones con competencias en materia educativa restringirán el uso de los libros digitales? En la Comunidad Autónoma de Galicia el programa del libro digital "E-Dixgal" está siendo objeto de fuertes críticas, pues qué sentido tiene limitar las pantallas a los niños en casa, como piden insistentemente los expertos, si la propia Administración impone esas mismas pantallas en educación primaria. Es decir, sería positivo que todos midiéramos el impacto del uso de dispositivos electrónicos.

III.- ESTRATEGIA ESTATAL DE DESINSTITUCIONALIZACIÓN

Aunque la Estrategia estatal de desinstitucionalización se publicó un junio de 2024, la transformación del sistema de cuidados se reclama, desde hace años, desde instancias europeas e internacionales. A título ejemplificativo, el Comité de los Derechos del Niño recomendó a España en 2018 que acelerara el proceso de desinstitucionalización, a fin de asegurar que la atención en centros de acogida se utilizase como último recurso. Ello estaría en línea con lo dispuesto en el art. 2 de la Ley Orgánica 1/1996, de 15 de enero, de Protección Jurídica del Menor, de modificación parcial del Código Civil y de la Ley de Enjuiciamiento Civil, que declara: «Se priorizará la permanencia en su familia de origen y se preservará el mantenimiento de sus relaciones familiares, siempre que sea posible y positivo para el menor. En caso de acordarse una medida de protección, se priorizará el acogimiento familiar frente al residencial. Cuando el menor hubiera sido separado de su núcleo familiar, se valorarán las posibilidades y conveniencia de su retorno, teniendo en cuenta la evolución de la familia desde que se adoptó la medida protectora y primando siempre el interés y las necesidades del menor sobre las de la familia».

Guiándose por estos compromisos, recomendaciones y tendencias internacionales, España se comprometió con la Unión Europea, en el marco del mecanismo de Recuperación y Resiliencia, a elaborar una Estrategia de desinstitucionalización, que engloba el periodo 2024-2030 y que cuenta con una dotación inicial que supera los 1.300 millones de euros, dinero que servirá para iniciar una revolución en el modelo de cuidados para las personas en situación de dependencia, especialmente personas mayores, pero también para las personas con discapacidad, las personas sin hogar y los menores del sistema de protección.

La institucionalización en centros es la primera respuesta para los niños, niñas y adolescentes que ingresan en el sistema de protección (en 2021 y 2022 el 75% de las altas en el sistema de menores de edad fueron directamente a un acogimiento residencial, frente al 25% de altas en acogimiento familiar)[6]. La intención es que esto cambie y desinstitucionalizar quiere decir básicamente trabajar en tres direcciones.

En primer lugar, es preciso prevenir la institucionalización porque ingresar y vivir en un centro conlleva: la despersonalización, la rigidez en las rutinas, el trato grupal, uniforme o en bloque, así como la distancia y aislamiento social; situaciones que se han incluso llegado a denominar "violencia de la institucionalización sobre el bienestar de las personas".

Con el ánimo de prevenir la institucionalización, es fundamental trabajar en una segunda dirección: promover los apoyos domiciliarios y comunitarios, de manera que, por ejemplo, los niños en situación de desprotección sean acogidos preferentemente por las familias.

De todos modos, aunque la desinstitucionalización sugiere un proceso de transformación en el modelo de cuidados, conviene tener clara una cosa: no se trata de cerrar unos servicios y abrir otros. Es decir, el acogimiento residencial va a seguir existiendo. Teniendo en cuenta que la calidad del servicio en estos lugares depende de diversos factores como: el tamaño, la ubicación, la distribución de los espacios, etc. La desinstitucionalización impone la necesidad de trabajar en una tercera

---

6 Dato extraído de la Estrategia estatal para un nuevo modelo de cuidados en la comunidad: Un proceso de desinstitucionalización (2024-2030), pág. 8.

dirección: repensar las instituciones residenciales para hacer efectivo el derecho a vivir de forma independiente, siendo incluidos en la sociedad y con la libertad de controlar cada uno su vida.

IV.-CONCLUSIONES

La Estrategia estatal de desinstitucionalización nos recuerda algo que ya deberíamos saber y hacer. Tanto el ordenamiento jurídico internacional, nacional como el autonómico son claros en sus mandatos, al priorizar las medidas de protección familiares frente a las residenciales. Así, se exige que hay que favorecer el desarrollo de la vida de los menores en un entorno familiar, especialmente cuando se trate de personas menores de seis años.

Debe tenerse en cuenta que los jóvenes del sistema de protección son forzados a emanciparse al cumplir los 18 años, cuando la media de emancipación en España se encuentra en los 29 años. La Estrategia estatal de desinstitucionalización es consciente de esta realidad y aconseja fortalecer los programas de transición a la vida adulta para los jóvenes mayores de edad que salen del sistema de protección, de forma que puedan desarrollar sus proyectos de emancipación con éxito.

La integración de cualquier niño en la sociedad conlleva, desde siempre, enfrentarse a peligros. Las tecnologías ofrecen nuevas oportunidades para el desarrollo personal y social, pero también plantean riesgos y perjuicios derivados de un uso inapropiado. El Anteproyecto de Ley Orgánica para la protección de las personas menores de edad en los entornos digitales pretende abordar esta problemática, salvaguardando el principio de prevalencia del interés superior del menor. Sin embargo, la propuesta normativa genera opiniones encontradas. Unos entienden que hay que celebrar los avances regulatorios, ya que estamos ante un paso esencial para que en internet no opere la ley del más fuerte, que la presentación del Anteproyecto de Ley significa que las instituciones públicas se han dado cuenta de la necesidad de actuar y además valoran positivamente el enfoque, alejado del prohibicionismo. No obstante, otros son mucho más pesimistas. Desde el punto de vista de estos últimos, habría que ser más ambiciosos y afrontar con determinación las prácticas persuasivas y manipuladoras de las grandes tecnológicas. A su juicio, muchas de las medidas que se proponen (el control parental activado por defecto o el etiquetado informativo) no generan usuarios responsables e incluso esas medidas se cuestionan dada, por ejemplo, la facilidad con la que los menores pueden eludir las restricciones en las plataformas actuales. La redacción de algunos preceptos del Anteproyecto de Ley es ambigua, en especial en todo lo tocante a las actuaciones a llevar a cabo en los campos educativo y sanitario. Esta ambigüedad se podría entender, atendiendo a que las CCAA tienen competencias en estos ámbitos y, por ende, el margen de maniobra del Estado está restringido. La utilidad del Anteproyecto de Ley se pone en entredicho basándose en experiencias pasadas, con leyes y estrategias anteriores que buscaban proteger a los menores en el entorno digital y que han tenido poco éxito. Sea como fuere, la solución no radica únicamente en tramitar textos normativos ni en aprobar estrategias, sino en una educación que involucre a la sociedad en la atención y el cuidado del bienestar de los menores y ayudando a la Administración a hacer efectivos los principios que orientan sus actuaciones.

Capítulo 4

La acreditación y autorización de centros y servicios dirigidos a menores. Propuestas para simplificar el sistema

DRA. CLAUDIA HERNÁNDEZ LÓPEZ[7]
Profesora Contratada doctora de Derecho Administrativo
Universidad de La Laguna

1. PLANTEAMIENTO

Una parte de la atención destinada a menores y adolescentes en el marco de las acciones de prevención y protección desarrolladas por la Administración pública se inscribe en lo que las leyes autonómicas han denominado como "sistema público

7 Trabajo realizado en el marco de la Cátedra Institucional de la Infancia y Adolescencia de la Universidad de La Laguna y dentro de las líneas de investigación del Grupo de Investigación *Derecho persona y familia* de la misma universidad.

de servicios sociales" o "sistema de servicios sociales de responsabilidad pública"[8][9].

En efecto, el "reto de la eliminación de la violencia sobre la infancia", también se refiere a las actuaciones que atañen a los poderes públicos en materia de prevención, reparación de daños, protección y, en general, a toda intervención que tenga como finalidad evitar situaciones que puedan favorecer la violencia. Al respecto, el artículo 12 de la Ley Orgánica 8/2021, de 4 de junio, de protección integral a la infancia y la adolescencia frente a la violencia (LOPIVI) se refiere al "derecho a la atención integral de los niños, niñas y adolescentes víctimas de violencia". En particular, dentro de ese artículo, se pueden identificar varios preceptos que, directa o indirectamente hacen referencia a acciones que corresponden a la Administración pública. Sirva de ejemplo el apartado 5º que señala que las Administraciones sanitarias, educativas y los servicios sociales competentes *deberán garantizar, de manera universal e integral, la atención temprana desde el nacimiento hasta los seis años de edad a todo niño o niña que presente alteraciones o trastornos en el desarrollo,*

---

8 Para mayor profundidad sobre las cuestiones relativas a servicios sociales que se abordarán en este texto Beltrán Aguirre, J.: *El régimen jurídico de la acción social*, IVAP, Oñati, 1992; Villar Rojas, F.J.: "Iniciativa privada y prestación de servicios sociales. Las redes o sistemas públicos de servicios sociales", Ezquerra Huerva, A. (coord.): *El marco jurídico de los servicios sociales en España: realidad actual y perspectivas de futuro*, Atelier, 2012, 87-120; en la misma obra, de Palma del Teso, A.: "La acción social de atención y protección de la infancia y adolescencia en Cataluña", págs. 243-288; Garrido Juncal, A.: *Los servicios sociales en el s. XXI: nuevas tipologías y nuevas formas de prestación*, Thomson Reuters Aranzadi, 2020; Darnaculleta Gardella, M.M., García-Andrade Gómez, J., Leñero Bohorquez, R., Salvador Armendáriz, M.A.: *La colaboración público-privada en la gestión de servicios sociales*, Marcial Pons, 2022.

9 Si bien se utilizará la normativa canaria como eje central, las consideraciones que se expondrán resultan aplicables, con ciertas particularidades, a las normas de otras Comunidades Autónomas.

o que se encuentre en riesgo de padecerlos, según lo estipulado en la normativa aplicable, así como el apoyo para el desarrollo infantil.

Todo ello implica que la Administración pública ha de disponer de los centros y servicios suficientes, propios o externos, para garantizar la protección integral de la infancia y la adolescencia en todas las situaciones contempladas por el marco normativo vigente.

Este planteamiento, que en la teoría parece incuestionable, no lo es en la práctica. A diferencia de otros sectores como el sanitario o educativo, donde se garantizan las prestaciones de modo universal, los servicios sociales aún se encuentran en una fase de desarrollo. Durante las últimas décadas, se ha producido un proceso de *publificación*, y, aunque ha habido avances, aún hay notables diferencias con esos sectores.

En cualquier caso, lo relevante es que, desde una perspectiva formal, existen un conjunto de prestaciones que deben ser garantizadas por la Administración pública, lo que implica que pueden ser exigidas por los usuarios. A partir de esto, se examinará la normativa que regula el acceso de entidades privadas a la creación de centros y servicios dirigidos a menores.

2. EL MARCO NORMATIVO RELATIVO AL ACCESO DE ENTIDADES PRIVADAS A LA CREACIÓN DE CENTROS Y SERVICIOS DE SERVICIOS SOCIALES DIRIGIDOS A MENORES

En primer lugar, conviene recordar que, en el marco del Tratado de Funcionamiento de la Unión Europea (TFUE), cualquier persona o entidad, ya sea pública o privada, tiene libertad para realizar actividades o prestar servicios del ámbito de los servicios sociales y que no hay monopolio público.

Aclarado lo anterior debe señalarse que esta actividad queda sujeta al cumplimiento de un conjunto de requisitos normativos que garantizan la seguridad y la calidad de las prestaciones. En consecuencia, cualquier sujeto, ya sea una empresa o una entidad sin ánimo de lucro, que desee crear un centro o prestar servicios en el sector de servicios sociales dirigidos a menores, debe obtener la autorización o presentar la declaración responsable según proceda en cada caso.

En lo que relativo a la normativa aplicable en Canarias, actualmente se identifican dos grandes bloques de disposiciones que regulan los requisitos para la creación de centros y servicios dirigidos a menores[10]: en primer lugar, se encuentran los centros contemplados en la Ley 1/1997, de 7 de febrero, de Atención Integral a los Menores, y desarrollados a través del Decreto 40/2000. Entre otros, centros de menores, centros de cumplimiento de medidas judiciales, centros de acogida temporal para menores y familias monoparentales y centros de día; en segundo lugar, los centros y servicios relacionados directamente con los servicios sociales. Son los previstos en la Ley 12/2019, de 25 de abril, por la que se regula la atención temprana en Canarias; la Ley 16/2019, de 2 de mayo, de Servicios Sociales de Canarias; y la Ley 39/2006, de 14 de diciembre, de Promoción de la Autonomía Personal y Atención a las Personas en Situación de Dependencia. Todos ellos se regulan en el Decreto 67/2012, de 20 de julio, que aprueba el Reglamento regulador de los centros y servicios destinados a la promoción de la autonomía personal y la atención a personas en situación de dependencia en Canarias, e incluye, entre otros, los centros de atención temprana.

---

[10] Dado que las competencias están descentralizadas, se harán referencias a la normativa canaria. No obstante, lo expuesto en este texto es aplicable, con ciertas variaciones, a diversas Comunidades Autónomas.

En todas esas normas, en coherencia con las libertades establecidas por el TFUE, no solo se reconoce la libertad para que entidades privadas puedan crear y gestionar centros, sino que también se admite la colaboración del sector privado en la ejecución de tareas públicas. Esto cobra especial relevancia cuando la Administración carece de los recursos materiales necesarios para cumplir con las obligaciones que le han sido asignadas. En estos casos, si se restringiera la creación de centros privados y no se ofertaran suficientes plazas públicas, el catálogo de prestaciones previsto en la normativa se vería comprometido.

Al respecto, la normativa vigente, en consecuencia, recoge formalmente la posibilidad de que el sector privado colabore con la Administración pública en la ejecución de tareas de carácter público[11]. En relación con esto, la UE ha señalado desde hace años que en servicios sociales hay una tendencia a la "externalización de las tareas del sector público", aunque esta debe desarrollarse en condiciones de competencia regulada dada la relevancia de los bienes jurídicos afectados[12].

3. ALGUNOS PROBLEMAS ENTORNO A LA ENTRADA AL SECTOR

A la luz de lo expuesto, resulta evidente que la normativa reconoce y promueve la colaboración de sujetos privados en

---

11 Entre otras, art. 59 de la Ley 16/2019, de 2 de mayo, de Servicios Sociales de Canarias; art. 83 de la Ley 1/1997, de 7 de febrero, de Atención Integral a los Menores; art. 3 Ley 39/2006, de 14 de diciembre, de Promoción de la Autonomía Personal y Atención a las personas en situación de dependencia.

12 Comunicación de la Comisión, de 26 de abril de 2006, «Aplicación del programa comunitario de Lisboa. Servicios sociales de interés general en la Unión Europea» [COM (2006) 177 final].

la prestación de servicios sociales, y que la Administración, en muchos casos, depende de dicha colaboración para cumplir con sus obligaciones. Prueba de ello son los convenios que anualmente se suscriben con entidades sin ánimo de lucro o la concertación de plazas públicas en centros gestionados por entidades privadas.

Asimismo, además de las necesidades que derivan del propio sistema público, que está obligado a garantizar una serie de prestaciones, la Administración también debe velar por que las libertades reconocidas en el TFUE respecto a la creación de centros y servicios sean efectivamente implementadas.

En consecuencia, no deberían generarse obstáculos o restricciones injustificadas que, sin asentarse en una razón imperiosa de interés general o de orden público, seguridad o salud, bloqueen, limiten o dificulten la creación de centros y la prestación de servicios en este ámbito[13].

Dentro de este marco, cabe señalar que el proceso de entrada al sector ha experimentado una evolución, tornándose cada vez más complejo. En un principio, el sistema era sencillo y se basaba en un único procedimiento de autorización administrativa[14].

Posteriormente, se dan dos acontecimientos complican el sistema. De un lado se aprobó la Directiva de Servicios, que simplificó los mecanismos de acceso al mercado y redujo el uso

---

13 Franco Escobar, S.E.: *La Autorización Administrativa en los Servicios de Interés Económico General*, Tirant lo Blanch, 2017.

14 Un claro ejemplo de ello lo constituyen los centros y servicios regulados por la Ley de Atención Integral a la Infancia y Adolescencia de 1997, cuyo reglamento establecía un sistema de autorización simple.

de la autorización administrativa a aquellos casos en los que existan *Razones Imperiosas de Interés General*[15].

En el ámbito de los servicios sociales, este enfoque comenzó a modificar la creación de centros y servicios. Con todo, el reparto competencial hizo que algunas Comunidades Autónomas decidieran mantener el requisito de autorización en todos los casos, mientras que otras optaron por eliminarla en parte, sustituyéndola por mecanismos como la comunicación previa o la declaración responsable.

Además de la Directiva de Servicios, la aprobación de la Ley 39/2006, de 14 de diciembre, de Promoción de la Autonomía Personal y Atención a las personas en situación de dependencia, introdujo los sistemas de acreditación. Desde entonces, no solo se exige el cumplimiento de determinados requisitos para prestar el servicio, sino que, además, cualquier centro privado, con o sin ánimo de lucro, que desee colaborar con la Administración pública mediante diversas modalidades deberá estar acreditado para garantizar que se cumplen los estándares de calidad necesarios. Así, cualquier centro que reciba a un usuario beneficiario de una prestación pública deberá contar con dicha acreditación[16].

Para integrar las cuestiones mencionadas en el marco normativo autonómico, Canarias aprobó un Decreto de organización de centros y servicios sociales en 2012 donde se optó por un sistema de declaración responsable[17]. Sin embargo, poste-

---

15 Directiva 2006/123/CE del Parlamento Europeo y del Consejo, de 12 de diciembre de 2006, relativa a los servicios en el mercado interior.

16 El art. 16.2 de la Ley de Dependencia establece una excepción al requisito de acreditación: los centros concertados no están obligados a obtenerla, siendo las cláusulas del contrato las que determinan los requisitos de calidad que deben cumplirse

17 Decreto 67/2012, 20 julio, por el que se aprueba el Reglamento regulador de los centros y servicios que actúen en el ámbito de la

riormente la Ley 16/2019, de 2 de mayo, de Servicios Sociales de Canarias, retrocedió y reintrodujo el sistema de autorización. Desde ese momento hasta la fecha de cierre de este trabajo, el mencionado decreto no ha sido modificado, lo que ha bloqueado el sistema porque automáticamente se ha sustituido la declaración responsable por la autorización, sin mayores matices.

Así, donde antes se requería una declaración responsable, ahora se exige una autorización, lo que se traduce, en la práctica, en la necesidad de tramitar hasta tres autorizaciones administrativas en determinados casos: una para la construcción del centro, otra para su puesta en marcha del servicio y una tercera para obtener la acreditación que permita participar en el sistema público. A esto se suma la obligación de inscripción en un registro correspondiente.

La propuesta de la ley canaria podría funcionar adecuadamente en un plano teórico, ya que se centra en la seguridad y calidad de los servicios. No obstante, la realidad presenta los retos que se mencionan a continuación.

Por un lado, la enorme y compleja cantidad de requisitos y documentación hace casi imposible su cumplimiento por parte de entidades privadas y aún más complicado para aquellas cuando carecen de ánimo de lucro.

Por otro, Administración pública encuentra dificultades para tramitar los expedientes en un tiempo razonable, lo que se acompaña, además, de un silencio negativo. Esta situación crea un cuello de botella en el acceso al sector, limitando la oferta de centros y servicios dispuestos a colaborar con la Administración.

---

promoción de la autonomía personal y la atención a personas en situación de dependencia en Canarias.

4. PROPUESTAS PARA MEJORAR Y SIMPLIFICAR EL SISTEMA

Para mejorar el sistema, se propone una revisión de los requisitos y formas de acceso para el sector privado. Antes de modificar el decreto y alinearlo con la ley, es esencial plantearse si realmente se desea implementar el sistema de autorización. Al respecto, resulta útil comprobar que varias Comunidades Autónomas han adoptado el sistema de declaración responsable o comunicación previa, o al menos han abierto la puerta a dicha posibilidad[18].

No se pretende delegar en el mercado la creación de centros y servicios que afectan a sujetos vulnerables, sino aligerar las cargas y trámites administrativos para garantizar la efectividad de la prestación. En este contexto, se podría concebir un sistema estructurado de forma más simple.

En primer lugar, se podría exigir una declaración responsable para la puesta en marcha de centros y servicios en todos los ámbitos de servicios sociales. No se reducirían las garantías, ya que la supervisión del cumplimiento de los requisitos de seguridad, sanitarios, protocolos, etc., sería responsabilidad de sujetos privados. Así como un proyecto de obras es visado por un Colegio de Arquitectos, un protocolo sanitario o de prevención del maltrato podría ser validado por profesionales competentes. Aunque estos proyectos tienen un coste, se reducirían los gastos asociados a la espera de años por una autorización. Todo esto sería supervisado posteriormente a través de la inspección que la Administración siempre puede ejercer.

18 Por todas, art. 56 de la Ley 12/2022, de 21 de diciembre, de Servicios Sociales de la Comunidad de Madrid: art. 77 de la Ley 2/2007, de 27 de marzo, de Derechos y Servicios Sociales de Cantabria; art. 83 de la Ley 9/2016, de 27 de diciembre, de Servicios Sociales de Andalucía

En segundo y último lugar, se podría exigir la acreditación para a aquellos que desearan acceder al sistema público, que podría obtenerse por dos vías: a través de un procedimiento similar al de la autorización actual o mediante contrato con cláusulas que exijan mínimos de calidad, como en los conciertos establecidos en la Ley de Dependencia.

Este enfoque aportaría los siguientes beneficios:

1. La iniciativa privada, tanto con fines lucrativos como sin ellos, podría acceder más rápidamente al sector, lo que resulta esencial en un momento en que las plazas y recursos destinados a los servicios sociales son limitados.
2. Se mantendrían las garantías en el cumplimiento de los requisitos de calidad y seguridad.
3. Se reducirían los costos asociados a la espera de autorizaciones.
4. La Administración pública podría destinar todos sus recursos a la inspección de centros y servicios, permitiendo una supervisión más continua y adaptada a la realidad.
5. Los usuarios contarían con una oferta amplia que garantizaría sus derechos de libertad de elección.

En suma, no existe una única forma de regular el acceso a un sector. La Administración pública puede ejercer sus prerrogativas de gestión, supervisión y control de diversas maneras. Lo cierto es que no hay un método que sea superior a otro; lo que se requiere es un enfoque adecuado a las necesidades presentes.

Bibliografía

Beltrán Aguirre, J.: *El régimen jurídico de la acción social,* IVAP, Oñati, 1992.

Darnaculleta Gardella, M.M., García-Andrade Gómez, J. Leñero Bohorquez, R., Salvador Armendáriz, M.A.: *La colaboración público-privada en la gestión de servicios sociales,* Marcial Pons, 2022.

De Palma del Teso, A.: "La acción social de atención y protección de la infancia y adolescencia en Cataluña", Ezquerra Huerva, A. (coord.): *El marco jurídico de los servicios sociales en España: realidad actual y perspectivas de futuro,* Atelier, 2012, págs. 243-288.

Franco Escobar, S.E.: La *Autorización Administrativa en los Servicios de Interés Económico General,* Tirant lo Blanch, 2017.

Garrido Juncal, A.: *Los servicios sociales en el s. XXI: nuevas tipologías y nuevas formas de prestación,* Thomson Reuters Aranzadi, 2020.

Villar Rojas, F.J.: "Iniciativa privada y prestación de servicios sociales. Las redes o sistemas públicos de servicios sociales", Ezquerra Huerva, A. (coord.): *El marco jurídico de los servicios sociales en España: realidad actual y perspectivas de futuro,* Atelier, 2012, 87-120.

Capítulo 5

El papel de las familias en la atención a adolescentes en acogimiento residencial

DR. EDUARDO MARTÍN CABRERA[19]

Profesor Titular de Psicología Evolutiva y de la Educación

Universidad de La Laguna

El acogimiento residencial como medida de protección a la infancia y la adolescencia

Entre las múltiples acciones que se pueden tomar desde el Sistema de Protección Infantil, el ingreso de un menor en un centro es sin duda alguna la más drástica, ya que es la única en la que los niños, niñas y/o adolescentes (NNA) no están en un contexto familiar (familia de origen, familia de acogida o familia adoptiva). Así, el acogimiento residencial (AR) es la medida de protección que da respuesta a aquellos casos en lo que se hace necesario separar al menor de su familia, y no es posible, o recomendable, su ubicación en otra familia de acogida. Según las últimas estadísticas oficiales, en 2022 había 34.542 NNA en España que habían sido separados de sus familias de origen como medida de protección, de los que el 47% se encontraban en AR (Observatorio de la Infancia, 2023). Los cambios legislativos que modificaron el Sistema de Protección Infantil hace una década, que instaban a evitar que los niños

19 Correo electrónico: edmartin@ull.edu.es
ORCID: https://orcid.org/0000-0001-8004-9776

más pequeños ingresaran en centros, han traído aparejadas mejoras en los programas de preservación familiar y de acogimiento familiar, que han dado respuestas a los más jóvenes, habiéndose especializado el AR en la atención a los adolescentes. Y no es que hayan llegado a la adolescencia estando en AR, sino que un número considerable de ellos ingresa siéndolo ya. Estudios recientes han encontrado que más de un tercio de los NNA que ingresan en AR lo hace con los 15 años cumplidos, y que en la cuarta parte de los casos figura la incapacidad de control parental como uno de los motivos por los que se produce el ingreso (Bravo et al., 2023). Por otro lado, se trata de un colectivo con alto riesgo de sufrir problemas emocionales y conductuales severos, debido a la situación sociofamiliar sufrida y que desencadenó en una declaración de desamparo (González-García et al., 2017).

Y a todo esto se unen los menores migrantes no acompañados, mayoritariamente adolescentes, que a efectos legales son menores de edad en situación de desamparo, y que por lo tanto son atendidos por el Sistema de Protección Infantil, ya que los países miembros de la Unión Europea deben atenderlos de acuerdo con la Convención de los Derechos del Niño y la directiva 2013/33/EU, en la que se recogen las normas que regulan la acogida de solicitudes de protección, y que incluye algunos artículos específicos referidos a ellos. Aunque prevalece su estatus de menor en desamparo sobre el de inmigrante, y por lo tanto deben ser tratados igual que los jóvenes nacionales, en realidad se trata de un colectivo con unas características y necesidades específicas (Acosta y Martín, 2024). Salvo algunas excepciones que terminan en un acogimiento familiar, la gran mayoría de estos jóvenes pasan a engrosar las estadísticas de adolescentes en AR.

El AR es por lo tanto una medida subsidiaria, en la que se debe trabajar durante un tiempo determinado, y siempre con miras a buscar una alternativa familiar. En este sentido, cuando un NNA ingresa en un centro, se le debe asignar un plan de trabajo, en el que se recoja el objetivo sobre el que se va a trabajar, el plazo en el que se prevé alcanzar, así como los recursos a utilizar. Incluso en aquellos planes en los que no está previsto que el NNA vuelva con su familia de origen, el papel que éstas juegan es fundamental.

Son tres los planes de trabajo que se pueden activar: la reunificación con la familia de origen, la separación definitiva y ubicación en una familia alternativa; y la emancipación.

Plan de reunificación familiar. Siempre es la primera opción para valorar. Existe consenso en que el mejor sitio en el que pueden estar los NNA es con su familia. En muchos casos, las circunstancias que desencadenaron la declaración de desamparo y la posterior separación pueden modificarse trabajando con la familia mientras el NNA vive en AR y allí todas sus necesidades son cubiertas. En este plan, adoptar un enfoque colaborativo con las familias es fundamental. Los profesionales no son los enemigos que te quitan los niños (frase que se escuchaba con cierta frecuencia no hace tanto tiempo) sino colaboradores que trabajan codo a codo para que el NNA pueda volver cuanto antes al hogar familiar. Los estándares de calidad en acogimiento residencial (EQUAR) de Del Valle et al. (2012) recogen la importancia del AR en el trabajo con las familias. Las salidas, con o sin pernocta, fines de semana y vacaciones, siempre que no sean contraproducentes, las visitas al centro y la implicación de las familias en las rutinas y obligaciones con respecto al NNA, se promueven con el objetivo de mantener y fortalecer los vínculos afectivos, pero también como oportunidades para la adquisición de habilidades y herramientas educativas adecuadas. Los casos de incapacidad de control parental entrarían en este plan de trabajo (Martín et al., 2020), puesto que las familias solicitan una guarda voluntaria, con el compromiso de participar en actividades para adquirir las habilidades educativas necesarias para tratar al adolescente cuando vuelta con ellos.

Aquí hay que hablar de los grupos de hermanos. Según señala la investigación (Martín y González-Navasa, 2022) aproximadamente la mitad de los NNA que están en AR, son grupos de hermanos. Según las Directrices sobre las modalidades alternativas de cuidado de los niños aprobadas por la ONU, los hermanos que mantengan vínculos fraternos no deberían ser separados en alternativas acogedoras diferentes. Lógicamente, cuando el grupo de hermanos es numeroso, y de edades y características heterogéneas, las alternativas a la estancia en AR como son la vuelta al hogar familiar, o la ubicación en otra familia, sea de acogida o de adopción, se hacen más difíciles.

Separación definitiva y ubicación en una familia alternativa. Cuando se adopta este plan, es porque la vuelta con la familia de origen no se valora como posible, o recomendable, en un plazo considerable, por lo que se opta por buscar otro contexto familiar, de acogida o de adopción, para evitar que el NNA alargue en el tiempo su estancia en AR. Si tenemos en cuenta el interés del NNA, y que dentro de éste figura el mantener el contacto con sus orígenes, especialmente con sus hermanos biológicos, se justifican acciones como las adopciones abiertas. Esta claro que el NNA necesita mantener puentes con su pasado que eviten la ruptura drástica de su relato vital. Que no puedan, no sepan, o no quieran atender adecuadamente al NNA no significa necesariamente que no les haga bien mantener el contacto, eso sí, bien planificado y supervisado, y negociado entre todas las partes. En este sentido, es conveniente que la familia de origen se encuentre en las mejores condiciones posibles, lo que abre la puerta a seguir trabajando con ellas, incluso cuando se intuye que la reunificación no va a ser viable. Mientras que el plan de reunificación familiar se puede adoptar a cualquier edad, el de separación definitiva y ubicación en una familia alternativa es más habitual para los NNA menores de 14 años. La razón no es otra que la complejidad de conseguir familias de acogida o adoptivas para adolescentes, pero también porque alguno de ellos prefiere estar en un centro a tener que comenzar una nueva vinculación familiar.

Plan de emancipación. Cuando ya no es posible ni recomendable la reunificación o la búsqueda de una familia alternativa, se establece este plan, con el objetivo de dotar al adolescente de las herramientas necesarias para afrontar la transición a la vida adulta. Desde la reforma del Sistema de Protección Infantil en el año 2015 se reconoce la necesidad de seguir ayudando a los jóvenes que egresan del mismo por alcanzar la mayoría de edad. Dicho plan debe comenzar a trabajarse a los 16 años. Pero la adopción de este plan no debe suponer que nos olvidemos de la familia de origen. Y la principal razón es porque la mayoría vuelve a vivir con ella, bien porque quieren, bien porque no tienen otra alternativa. Y muchos de los que no vuelven con ella, la siguen considerando la principal fuente de apoyo. Esto hace recomendable, por el bien de joven, seguir trabajando con su familia de origen, aunque trabajemos en un plan de emancipación. Contar con una familia en las mejores condiciones posibles les ayudará sin duda en el tránsito a la independencia, que para este colectivo se puede convertir en una carrera de obstáculos, sobre todo los primeros años (Martín et al., 2023).

No quisiera finalizar sin comentar el papel de la familia en la atención a los jóvenes migrantes no acompañados. Como llegan solos y en un número elevado cuesta visibilizar el papel que la familia tiene en el bienestar de estos jóvenes. Aunque es un colectivo heterogéneo y hay diversas casuísticas, la separación es igual de dolorosa que para los tutelados nacionales, y muchos de ellos sienten la presión de tener que obtener recursos económicos para ayudarlos. Y, por otra parte, mantener el contacto y sentir su apoyo repercute positivamente en el bienestar de estos jóvenes.

En resumen, independientemente de la situación familiar y de las expectativas de reunificación, la familia siempre es un pilar fundamental en la vida de los NNA que pasan una época de sus vidas en AR. Es un elemento fundamental que forma parte de sus historias de vida, y los legisladores, gestores y profesionales que trabajamos en este ámbito debemos de ser conscientes de ello.

Bibliografía

Acosta, E., & Martín, E. (2024). Estrés migratorio y bienestar subjetivo en menores migrantes no acompañados. *Pedagogía Social, Revista Interuniversitaria, 44,* 203-216. https://doi.org/10.7179/PSRI_2024.44.11

Bravo, A., Martín, E., & Del Valle, J. F. (2023). The changing character of residential care for children and youth in Spain. In J. K. Whittaker, L. Holmes, J. F. Del Valle, & S. James (Eds.), *Revitalizing residential care for children and youth. Cross-national trends and challenges* (pp. 179-192). Oxford University Press. https://doi.org/10.1093/oso/9780197644300.003.0013

Del Valle, J. F., Bravo, A., Martínez, M., & Santos, I. (2012). *Estándares de calidad en acogimiento residencial: EQUAR.* Ministerio de Sanidad.

González-García, C., Bravo, A., Arruabarrena, I., Martín, E., Santos, I., & Del Valle, J. F. (2017). Emotional and behavioral problems of children in residential care: Screening detection and referrals to mental health services. *Children and Youth Services Review, 73,* 100-106. https://dx.doi.org/10.1016/j.childyouth.2016.12.011

Martín, E., & González-Navasa, P. (2022). Characterization of groups of siblings in residential care in Spain. *Child and Family Social Work, 27*(3), 414-421. https://doi.org/10.1111/cfs.12892

Martín, E., González-Navasa, P., & Betancort, M. (2020). Who will go back home? Factors associated with decisions to address family reunification from residential care. *Children and Youth Services Review, 109,* 104729. https://doi.org/10.1016/j.childyouth.2019.10472

Martín, E., Montserrat, C., & Crous, G. (2023). La transición a la vida adulta en perspectiva de género: jóvenes extutelados después de los 25 años. *Revista de Educación, 399,* 159–181. https://doi.org/10.4438/1988-592X-RE-2023-399-565

Observatorio de la Infancia (2023). *Boletín de datos estadísticos de medidas de protección a la infancia y la adolescencia.* Ministerio de Derechos Sociales y Agenda 2030.

Capítulo 6

La Ley Orgánica de protección integral a la infancia y la adolescencia frente a la violencia y su implementación: luces y sombras[20]

DR. VICENTE CABEDO MALLOL[21]
Profesor Titular de Derecho Constitucional
Universitat Politècnica de València

I. INTRODUCCIÓN

La aprobación de la Ley Orgánica 8/2021, de 4 de junio, de protección integral a la infancia y la adolescencia frente a la violencia, en adelante LOPIVI, supuso un punto de inflexión en el abordaje de la violencia que sufren los niños, niñas y adolescentes. La Ley afronta esta lacra social que representa la violencia ejercida contra la infancia y la adolescencia de una forma integral, incidiendo tanto en la prevención, con medidas de detección precoz, como en la sensibilización y la concienciación social, sin olvidar tampoco, por supuesto, la asistencia y reintegración de derechos vulnerados. Es importante también remarcar que, con esta norma, se deja atrás, al menos en el pla-

20 El trabajo es una versión reflexiva reducida de uno más amplio, titulado: "La construcción de entornos seguros, de buen trato e inclusivos para la infancia y la adolescencia: una ardua tarea pendiente" (2024b).

21 Director de la Cátedra de Infancia y Adolescencia de la Universitat Politècnica de València, Presidente de la *Red de Universidades por la Infancia y la Adolescencia*.

no normativo, la invisibilidad de la infancia que sufre violencia, poniendo el punto de atención en los niños, niñas y adolescentes y sus derechos. En este sentido, es de destacar que, entre sus fines, se señale el de reforzar el ejercicio de su derecho a ser oídos, escuchados, y a que sus opiniones sean tenidas en cuenta en contextos de violencia contra ellos y ellas. De este modo, los niños, niñas y adolescentes dejan de ser considerados únicamente como víctimas en situaciones de violencia, a los que hay que proteger.

Con la LOPIVI, por tanto, el foco de atención no se concentra ya en dar una respuesta a la violencia consumada, sino en la prevención, en su evitación, y, especialmente, en la creación de los denominados "entornos seguros" y en la promoción del "buen trato". La construcción de un entorno seguro vendría a representar el estadio más avanzado en la erradicación de la violencia que sufren los niños, niñas y adolescentes. Es más, si se llegasen a materializar estos entornos, la violencia, en sus diversas manifestaciones, no existiría. Pero la creación de dichos entornos seguros y de buen trato es, sin duda alguna, una ardua tarea, que requiere previamente entender su significado y cómo podemos construir espacios que puedan ser calificados como tales entornos.

En este breve trabajo me propongo, sin grandes pretensiones, reflexionar entorno a las "luces" y las "sobras" de la LOPIVI. En realidad, hay que loar, por las razones apuntadas, la misma aprobación de esta Ley Orgánica, al instaurar un verdadero cambio de paradigma en la lucha contra violencia ejercida contra los niños, niñas y adolescentes. El problema, como tantas veces ocurre, lo encontramos en la implementación de la norma. Ahí estarían la "sombras", Y para abordar esta implementación de la LOPIVI, nos centraremos en los entornos seguros y de buen trato para los niños, niñas y adolescentes, en su misma conformación.

II. LA CREACIÓN DE ENTORNOS SEGUROS Y DE BUEN TRATO

De acuerdo con la doctrina (Horno, 2018a; UNICEF, 2020; Gómez Bengoechea, 2022), podríamos definir un entorno seguro y "protector" como un espacio libre de violencia, en el que impera el buen trato entre todas las personas que lo conforman, respetándose los derechos de los niños, niñas y adolescentes. Tres serían, por tanto, los elementos clave para entender qué es un entorno seguro: la violencia, el buen trato y los derechos de la infancia y la adolescencia. Estos tres elementos serían los términos de una ecuación de primer grado, cuya presencia o suma de dos de ellos (el buen trato y los derechos de la infancia) y la resta del tercero (la violencia) darían como resultado un entorno seguro. Por tanto, para poder comprender qué es un entorno seguro y de buen trato, debemos detenernos previamente en la conceptualización de dichos tres términos.

El Comité de Derechos del Niño, en la Observación general Nº 13 (2011), relativa al "Derecho del niño a no ser objeto de ninguna forma de violencia", utiliza el término "violencia" para referirse a todas las formas de daño infligido a los niños y las niñas enumeradas en el artículo 19 de Convención sobre los Derechos del Niño. De la interpretación de dicho precepto, el Comité concluye que la referencia a "toda forma de perjuicio o abuso físico o mental" no deja espacio para ningún grado de violencia legalizada contra los niños y las niñas. Y por lo que respecta a una conceptualización misma de la violencia, la Observación señala que "hacen falta definiciones jurídicas operacionales claras de las distintas formas de violencia mencionadas en el artículo 19", que deberán tener en cuenta las orientaciones dadas por el propio Comité. Y como ya hemos comentados en trabajaos anteriores (2024a), enmarca el Comité el concepto de "violencia" enumerando distintas formas de la misma y explicándolas.

La mentada Observación del Comité, en cambio, no contiene una referencia expresa al “buen trato”. Ello no obstante, sí alude a los denominados “principios de una buena crianza”. Los mismos, de acuerdo con dicha Observación, estarán basados en el conocimiento de los derechos del niño, el desarrollo infantil y las técnicas de disciplina positiva, con el fin de reforzar la capacidad de las familias de cuidar a los niños en un entorno seguro. Un entorno seguro, sin violencia, en el ámbito familiar, en el que impere el buen trato, la buena crianza, basado en los principios de la *parentalidad positiva.*

La LOPIVI, por su parte, define los términos “violencia”, “buen trato”, y “entorno seguro”, y con relación al ámbito familiar a la aludida “parentalidad positiva”. Conceptos clave para comprender el nuevo paradigma que la misma instaura.

La citada norma, en su art. 1.2, nos ofrece dos definiciones de “violencia”, una genérica, en su primer párrafo, y otra, más concreta, en el segundo, relacionando un amplio catálogo de formas de violencia subsumibles todas ellas, eso sí, en la primera conceptualización. Se estable, por tanto, una relación de género a especie.

A nuestros efectos, nos interesa especialmente la definición genérica de violencia, que se vincula con la privación de derechos de los niños, niñas y adolescentes y de su bienestar, y que representa una amenaza o interferencia en su desarrollo físico, psíquico o social. Por tanto, la ausencia real de violencia se daría solo cuando esos derechos de la infancia y la adolescencia están plenamente garantizados, en especial el derecho reconocido en el art. 27 de la Convención de Derechos del Niño: el derecho a un nivel de vida adecuado para su desarrollo físico, mental, espiritual, moral y social.

Y el mismo precepto citado, en su apartado 3, también define el “buen trato”, entendiendo por el mismo “aquel que, respetando los derechos fundamentales de los niños, niñas y adolescentes, promueve activamente los principios de respeto mutuo, dignidad del ser humano, convivencia democrática, solución pacífica de conflictos, derecho a igual protección de la ley, igualdad de oportunidades y prohibición de discriminación de los niños, niñas y adolescentes".

Como podemos observar, tanto la definición genérica de violencia como la del buen trato ponen el acento en los derechos de la infancia y la adolescencia, bien sea en su privación o en su respeto, respectivamente. Y, recordemos, que los derechos de la infancia constituían el tercer término de la ecuación enunciada al principio de este apartado.

Por último, la LOPIVI también nos ofrece una definición de "entorno seguro", entendiendo por el mismo "aquel que respete los derechos de la infancia y promueva un ambiente protector físico, psicológico y social, incluido el entorno digital" (art. 3, m). Estaremos, por tanto, ante un entorno seguro cuando se respeten los derechos de los niños, niñas y adolescentes, lo que nos conduce al buen trato. Ambas definiciones aluden, por tanto, al respeto de los derechos de la infancia y la adolescencia. Y dado que hemos relacionado la violencia como aquella situación de privación de derechos de los niños, niñas y adolescencia, junto con la amenazan o interferencia en su desarrollo físico, psíquico o social, el entorno seguro y de buen trato sería su reverso: el espacio en que se garantizan esos derechos de la infancia y adolescencia, y en el que se dan las condiciones para su pleno desarrollo en todos los ámbitos.

Y con relación al ámbito familiar y la creación en el mismo de un espacio seguro basado en el buen trato, la susodicha Ley da una definición extensa de la llamada "parentalidad positiva" (art. 26.1), la buena crianza a la que aludía la citada Observación del Comité de Derechos del Niño.

Llegados a este punto, se nos platea la tarea más complicada: la creación de un espacio que, de acuerdo con las concepciones y explicaciones dadas sobre la violencia, el buen trato y la misma definición legal de entorno seguro y de buen trato, sea reconocible como un verdadero entorno libre de violencia, seguro, en el que el buen trato en su seno es una realidad. Debemos, por tanto, determinar qué elementos se precisan para la materialización de la construcción de un espacio que reúna esas características.

Los elementos básicos configuradores de un entorno seguro y de buen trato para la infancia y la adolescencia se suelen agrupar en cuatro dimensiones o niveles: el físico; el emocional; el relativo a las personas adultas: progenitores y profesionales; y el de la participación de los propios niños, niñas y adolescentes en la construcción de dicho entorno seguro.

Los dos primeros niveles apuntados aludirían, por tanto, al entorno físico-emocional. En el mismo se incluirían, de acuerdo con el proyecto 'BBK Family' (2020), los siguientes elementos: 1) La accesibilidad; 2) la prevención/acción en accidentes; 3) La ubicación de los locales; 4) Los baños; 5) Las nuevas tecnologías; 6) El mobiliario; 7) La limpieza e higiene; 8) La decoración cálida y personalizada; 9) La disponibilidad de espacios abiertos; 10) La conexión con la naturaleza; 11) El juego; y 12) Los espacios y alimentos adecuados para la salud.

Pasemos, a continuación, a explicar someramente los referidos cuatro niveles.

a) El nivel físico

Centrándonos en el entorno físico, es importante tener en cuenta la propia ubicación o localización del espacio, así como la accesibilidad y los elementos de prevención en accidentes.

La localización del espacio es un elemento que debería tenerse muy presente a la hora de determinar una u otra ubicación, tomando en consideración la cercanía de servicios o recursos (ocio, salud,...), que dicho espacio esté bien comunicado y que sea fácil acceder al mismo.

Por lo que atañe a la accesibilidad, en un entorno seguro no pueden existir barreras arquitectónicas para niños, niñas y adolescentes con problemas de movilidad reducida. En cualquier caso, el espacio o local, como bien indica el documento elaborado por BBK Family, debe resultar también "cómodo", con unas dimensiones que faciliten el movimiento de niños, niñas y adolescentes, con o sin movilidad reducida, y con una distribución adecuada de sus dependencias.

También se incluiría en este primer nivel físico el contenido del espacio o local, en espacial el mobiliario. El mismo debe estar indudablemente en buen estado y adaptado a las edades de los niños y las niñas.

Por último, debemos referirnos a los elementos de prevención de riesgos que deben estar presente en todo entono físico con presencia de niños, niñas y adolescentes.

b) Nivel emocional

En el entorno emocional incluimos la decoración cálida y personalizada; la disponibilidad de espacios abiertos; la conexión con la naturaleza; el juego; y los espacios y alimentos adecuados para la salud.

Los profesionales de la psicología coinciden a la hora de remarcar la importancia de dotar al entorno físico "calidez emocional". Se trata, nos comentan Rafael Roselló y Mayra Irene Manzano (2022, p. 11), de generar espacios donde los niños, niñas y adolescentes se sientan a gusto e identificados, que resulten atractivos, y en los que sea posible desenvolver actividades que fomenten la inclusión, la cohesión social y la igualdad de género.

Y esta calidez, afectividad, que deben percibir los niños, niñas y adolescentes se transmite, sin duda alguna, a través de la decoración. Y sabemos que hay colores fríos, como el azul, el verde o el violeta, y colores cálidos, en especial el rojo, aunque también se consideran cálidos el amarillo y el naranja. Por tanto, la decoración se basará en estos colores de gama cálida.

Por otra parte, a la afectividad de un entorno en concreto también contribuye la disponibilidad de espacios abiertos, la conexión con la naturaleza o que en el mismo se garantice realmente el derecho al juego.

Pensemos que si queremos construir un entorno seguro, esa seguridad debe ser sentida por los niños, niñas y adolescentes que lo integran, percibiéndolo como un entorno acogedor.

c) Nivel relativo a las personas adultas: progenitores y profesionales.

Las personas adultas están presentes, junto a los niños, niñas y adolescentes, en los diferentes entornos en los que estos últimos se desenvuelven, como el familiar o el educativo. Ahora bien, no basta la mera presencia de estas personas adultas, ya se trate de progenitores u otros familiares o de profesionales, sino que las mismas deben ser capaces de garantizar los derechos de los niños, niñas y adolescentes en el entorno en cuestión. En este sentido, la doctrina acuña la expresión de adultos "conscientes", que son capaces de desarrollar una "afectividad consciente". Debe darse una cercanía afectiva y, por tanto, de nuevo tenemos que aludir a la calidez emocional en este nivel.

En el caso de profesionales dedicados a la infancia, esta afectividad consciente se consideraría una competencia profesional imprescindible, que incluiría cinco habilidades básicas (Horno, 2018a, p. 17):

- La afectividad expresa, entendida como capacidad para expresar el afecto al niño, niña, adolescente, desde el ajuste emocional y sensoria.
- La capacidad para crear vínculos afectivos positivos y mantener la consciencia sobre los vínculos afectivos ya creados.

- El cuidado consciente de la planificación y desarrollo de todas las fases de cualquier proceso de intervención.
- La mirada consciente y respetuosa a los niños, niñas y adolescentes con la que se trabaja, con respeto a sus vínculos afectivos con sus familias.
- El abordaje de los conflictos desde la disciplina positiva sin recurrir a ninguna forma de violencia física o emocional.

Con relación al ámbito familiar, la LOPVI prescribe que las Administraciones Públicas proporcionarán apoyo a progenitores o, en su caso, tutores, guardadores o acogedores, tanto en la prevención de factores de riesgo y el fortalecimiento de los de protección, como en su labor educativa y protectora. Y todas estas medidas estarán enfocadas, nos puntualiza esta norma, a promover el buen trato, la corresponsabilidad y el ejercicio de la parentalidad positiva (art. 26). Ese ejercicio de la parentalidad positiva representa, en este ámbito familiar, la afectividad consciente anteriormente aludida, requiriéndose una serie de habilidades a los progenitores, tutores, guardadores o acogedores. Las llamadas escuelas de padres y madres deberían jugar un rol importante a dichos efectos.

Por lo que respecta al ámbito escolar, la citada LOPIVI creó una figura clave en la construcción de un entorno seguro y de buen trato en dicho ámbito: el coordinador o coordinadora de bienestar o protección. La persona que debe desarrollar esta función se correspondería, lógicamente, con el adulto consciente al que venimos aludiendo. Por tanto, la afectividad consciente se sobreentiende que debería ser una competencia propia de este profesional. Desgraciadamente, la implementación de esta figura, en la mayor parte de los sistemas educativos de las distintas comunidades autónomas, como hemos aludido en otros trabajos (2022 y 2024), no ha respondido, hasta el momento, a las expectativas planteadas por la LOPIVI. Con todo, aunque esta figura del coordinador o coordinara de bienestar cobre un protagonismo especial en la construcción de un entorno seguro en las escuelas, los maestros, maestras, profesores, profesoras y el personal administrativo de los centros educativos también deben ser adultos conscientes y responsables. En este sentido, la LOPIVI encomienda al indicado coordinador o coordinadora de bienestar, entre otras funciones, promover planes de formación sobre prevención, detección precoz y protección de los niños, niñas y adolescentes (art. 35.2 a).

Por último, con relación al ámbito deportivo y de ocio, la LOPIVI, al igual que en el educativo, crea una figura clave, el Delegado o Delegada de protección, que se encargará de la difusión y el cumplimiento de protocolos de actuación para construir un entorno seguro en los mismos (art. 48.1). En suma, estamos ante una figura también clave para implantar un entorno de seguro y de buen trato, en este caso, en los centros deportivos y de ocio. Es, además, nos indica el precepto citado, la persona que debe iniciar las comunicaciones pertinentes en los casos en los que se haya detectado una situación de violencia sobre niños, niñas y adolescentes.

La LOPIVI, con relación a estos futuros profesiones "en contacto habitual con personas menores de edad", conmina a los centros de educación superior a promover "la incorporación en sus planes de estudios de contenidos específicos dirigidos a la prevención, detección precoz e intervención de los casos de violencia sobre la infancia y la adolescencia teniendo en cuenta la perspectiva de género" (art. 36.2). Una formación necesaria para poder, entre todos, construir entornos seguros y de buen trato en los diferentes ámbitos, en los que impere la cultura del buen trato y en los que los niños, niñas y adolescentes puedan ejercer y desarrollar todos sus derechos. Desgraciadamente, esa formación no se ha dado, al menos, en muchas de las titulaciones cuyos egresados están "en contacto habitual" con la infancia y la adolescencia. El precepto citado alude, sin ser numerus clausus, a las titulaciones vinculadas con las profesiones sanitarias, del ámbito social, del ámbito educativo, de Periodismo y Ciencias de la Información y del derecho.

En cualquier caso, aunque los estudios relacionados con profesiones del ámbito social o educativo contemplasen ya en sus planes, con anterioridad a la LOPIVI, contenidos relativos a la infancia y adolescencia y sus derechos, el cambio de paradigma que instaura esta LO comporta la necesidad de rehacer dichos contenidos. En todo caso, como en todas las profesiones, la formación y el aprendizaje continuo deviene imprescindible. Y en este sentido se pronuncia la propia LOPIVI al señalar que "las administraciones públicas, en el ámbito de sus respectivas competencias, promoverán y garantizarán una formación especializada, inicial y continua en materia de derechos fundamentales de la infancia y la adolescencia a los y las profesionales que tengan un contacto habitual con las personas menores de edad" (art. 5.1).

Más allá de esta formación académica para los futuros profesionales "en contacto habitual con personas menores de edad", estas personas adultas deben también contar, dependiendo del entorno en concreto, con una formación complementaria y con una serie de conocimientos, competencias y habilidades diversas.

d) Nivel relativo a los niños, niñas y adolescentes y su participación y protagonismo.

En este nivel se debe destacar la importancia de asegurar la participación de los niños, niñas y adolescentes en la construcción de los entornos que queremos que sean seguros, precisamente, para ellos y ellas.

La propia LOPIVI, entre sus fines, señala el de reforzar el ejercicio de su derecho a ser oídos, escuchados, y a que sus opiniones sean tenidas en cuenta en contextos de violencia contra ellos y ellas (art. 3. e)). De este modo, los niños, niñas y adolescentes dejan de ser considerados únicamente como víctimas en situaciones de violencia, a los que hay que proteger. Y para garantizar su participación efectiva en la construcción de entornos seguros, deben crearse espacios y cauces adecuados ad hoc.

Pero no basta con reconocer que los niños, niñas y adolescentes tienen derecho a expresarse, a que sus opiniones sean tomadas en consideración, a participar en la toma de decisiones que les afecten. Para poder ejercer sus derechos, deben, en primer lugar, conocerlos, ser conscientes de la importancia de los mismos, y que, efectivamente, les corresponden y pueden y deben ejercitarlos. Por tanto, la información y formación a la infancia y adolescencia con relación a sus derechos, como el de participación, y, en particular, a la dicotomía violencia/ buen trato y a la conceptualización de un espacio como entrono, catalogable como seguro y de buen trato, deviene, desde cualquier punto de vista, insoslayable. En esta línea, entre las finalidades que relaciona la LOPIVI, encontramos la de reforzar los conocimientos y habilidades de los niños, niñas y adolescentes para que sean parte activa en la promoción del buen trato y puedan reconocer la violencia y reaccionar frente a la misma (art. 3.d)). Y junto a esa información y formación, como se ha indicado, deben habilitarse cauces o procedimientos apropiados, accesibles, para canalizar su participación en la toma de decisiones.

Estas cuatro dimensiones o niveles expuestos anteriormente deben adaptarse o ajustarse a los diferentes tipos de entornos (espacios o ambientes) en los que la infancia y la adolescencia se desarrolla y puede ejercer sus derechos, ya sea el familiar, el escolar, el deportivo y de ocio, o el digital, entre otros. Cada espacio o ambiente es diferente y tiene sus propias particularidades.

III. A MODO DE CONCLUSIÓN

Sin duda alguna, la clave en la lucha contra la violencia a la que se enfrentan diariamente los niños, niñas y adolescentes, su quimérica erradicación, radica en generar la condiciones para que la misma no nazca, en prevenir su aparición, y, en todo caso, en su detección precoz. Esta es la acertada filosofía que vertebra la LOPIVI y tiene su corolario en la creación de los denominados entornos seguros, de buen trato e inclusivos. Estos serían espacios en los que, en principio, no podría existir la violencia, entendida en un sentido amplio como opuesta frontalmente al buen trato.

Ahora bien, sentadas las bases estratégicas para erradicar la violencia que sufren los niños, niñas y adolescentes, se nos plantea una duda: ¿son realmente efectivas las políticas públicas emprendidas a estos efectos? De entrada, en el ámbito de los entornos seguros, debemos ser muy rigurosos en la construcción de los mismos, atendiendo a los cuatro niveles expuestos en el presente trabajo. Por desgracia, la realidad nos muestra que falta, sin duda, información y formación dirigida tanto a los propios niños, niñas y adolescentes como a los y las profesionales en contacto habitual con ellos y ellas., sin olvidar a los progenitores. Y con relación a los entornos escolares y de tiempo libre y de ocio, las figuras del coordinador o coordinadora de bienestar y protección, y del delegado o delegada de protección, respectivamente, deberían desempeñar un papel fundamental en la construcción de espacios seguros y de buen trato en dichos entornos. Desgraciadamente, como expusimos en un anterior estudio sobre el coordinador o coordinadora de bienestar y protección (2022), estas dos figuras, más allá de su existencia (o no), no se han desarrollado e implementado eficazmente, en perjuicio de la construcción de los entornos seguros de sus respectivos ámbitos. Y tampoco podemos descuidar el nivel físico y el emocional en los diferentes entornos.

La conclusión a la que podemos llegar es que la materialización de la construcción de entornos seguros y de buen trato es una ardua tarea que requiere grandes esfuerces por parte de todos y todas, y también financiación, mucha financiación.

Bibliografía citada

BBK Family (2020). Elementos básicos para un entorno seguro para niños y niñas. BBK Family. Recuperado de https://bbkfamily.bbk.eus/wp-content/uploads/2020/06/ELEMENTOS-BASICOS-ENTORNO-SEGURO.pdf

Cabedo Mallol, V. (2022). El coordinador o coordinadora de bienestar y protección del alumnado. En Cabedo Mallol, V. y Ravetllat Ballesté, I, (eds.). Estudios sobre la Ley Orgánica de protección integral a la infancia y la adolescencia frente a la violencia (pp. 143-190). Valencia: UPV. Recuperado de https://monografias.editorial.upv.es/index.php/iya/article/view/437

Cabedo Mallol, V. (2024a). De la violencia contra la infancia y la adolescencia a la construcción de entornos seguros y de buen trato: a propósito de la normativa española. En Ravetllat Ballesté, I y Mondaca Miranda, A. (coor.) Protección integral de los derechos de la infancia y la adolescencia frente a la violencia (pp. 13-36). Tirant lo Blanch.

Cabedo Mallol, V (2024b). La construcción de entornos seguros, de buen trato e inclusivos para la infancia y la adolescencia: una ardua tarea pendiente. En Ravetllat Ballesté, I y Mondaca Miranda, A. (coor.) *La construcción de entornos seguros para niños, niñas y adolescentes. Apuntes y retos desde una mirada comparada* (pp.

Horno Goicochea, P. (2018a). La promoción de entornos seguros y protectores en Aldeas Infantiles SOS América Latina y el Caribe. San José de Costa Rica: Aldeas Infantiles SOS. Aldeas Infantiles. Recuperado de https://www.espiralesci.es/guia-la-promocion-de-entornos-seguros-y-protectores-en-aldeas-infantiles-sos-en-america-latina-y-el-caribe-de-pepa-horno/

Roselló Manzano, R, y Manzano Mier, M. I. (2022). Guía de asistencia técnica para la creación y fortalecimiento de entornos protectores de la infancia y la adolescencia en Cuba. UNICEF. Recuperado de https://www.unicef.org/cuba/media/5696/file/Gu%C3%ADa%20de%20asistencia%20t%C3%A9cnica%20para%20la%20creaci%C3%B3n%20y%20fortalecimiento%20de%20entornos%20protectores%20de%20la%20infancia%20y%20la%20adolescencia.pdf

UNICEF (2020). Cuadernos para la acción local Medidas para la creación de entornos protectores de cuidado y recreación para la infancia y adolescencia en el post-confinamiento. UNICEF. Recuperado de https://ciudadesamigas.org/wp-content/uploads/2020/05/UNICEF-Entornos_protectores_verano_Ciudades-Amigas.pdf

Legislación citada

Convención de los Derechos del Niño. Asamblea de las Naciones Unidas, de 29 de noviembre de 1989.

Ley Orgánica 8/2021, de 4 de junio, de protección integral a la infancia y la adolescencia frente a la violencia de España. Boletín Oficial del Estado, 5 de junio 2021.

Observación General Nº 13, Derecho del niño a no ser objeto de ninguna forma de violencia. ONU, CRC/C/GC/13.

Capítulo 7

Implicaciones jurídico-civiles del concepto de abandono de menores como ausencia de cuidados y de afectos[22]

DRA. ALMA MARÍA RODRÍGUEZ GUITIÁN[23]
Catedrática de Derecho Civil
Universidad Autónoma de Madrid
alma.guitian@uam.es

En pronunciamientos recientes el Tribunal Supremo (SSTS 30 de enero de 2024, 5 de junio de 2024, 21 de noviembre de 2022, 23 de abril de 2018) ha incorporado un concepto de

---

22 Este trabajo se enmarca en el Proyecto de Investigación "Hacia una revisión del principio de solidaridad familiar: Análisis de su alcance y límites actuales y futuros", PID2019-104226GB-I00/AEI/ 10.13039/501100011033, financiado por el Ministerio de Ciencia e Innovación, cuyas IPs son Alma María Rodríguez Guitián y Pilar Benavente Moreda.

23 Debido a la petición expresa de las organizadoras del precongreso de que los capítulos de la obra solo debían limitarse a recoger las principales conclusiones y aportaciones realizadas en cada ponencia no he introducido ni notas de pie de página ni bibliografía. No obstante, para una referencia más amplia a la temática planteada en este capítulo y a bibliografía especializada sobre ella remito a RODRÍGUEZ GUITIÁN, A.M., "El valor positivo y negativo de la afectividad en la relación paterno-filial", *Reinterpretando las relaciones familiares a la luz del principio de solidaridad familiar*, Rodríguez Guitián y Benavente Moreda (coordinadoras), Monográfico del Boletín del Ministerio de la Presidencia, Justicia y Relaciones con las Cortes, año LXXVIII, agosto 2024, núm. 2.278 Bis, Gobierno de España, pp. 235-316. DOI https://doi.org/10.53054/bmj.vi2278-Bis.10495.

abandono como ausencia de cuidados o de afectos para referirse a hipótesis en las que el progenitor desaparece de modo voluntario y sin causa justificada de la vida del hijo o hija, durante la niñez y/o en la adolescencia, de modo que el menor crece sin una referencia paterna o materna que cumpla, entre otros, los deberes afectivos propios de la relación paterno-filial. Estos supuestos de ausencia total del progenitor de la vida del menor pueden considerarse, sin ninguna duda, una forma de violencia en cuanto implican, cuanto menos, un maltrato psicológico o emocional.

En la época de la Codificación no era común que el afecto tuviera relevancia en el plano jurídico, a pesar de que aquel, desde siempre, constituye de hecho la esencia y el fundamento de las relaciones familiares. Así, por ejemplo, para el nacimiento de la obligación de alimentos de los artículos 142 y ss del Código Civil (en adelante CC) la única condición relativa a la relación entre alimentista y alimentante es la existencia de parentesco, pero en absoluto el legislador toma en consideración la existencia de la calidad afectiva de tal relación entre ellos.

Muchas de las funciones tradicionales de la familia se han ido ya disolviendo, como la de ser una institución destinada a cumplir objetivos económicos o de ubicación social de sus miembros, poniéndose hoy más el peso en la faceta afectiva y emocional y, por tanto, en una perspectiva funcional de la familia. La entrada actual del concepto jurídico del afecto como cuidado, respeto, ayuda, asistencia y solidaridad, puede tener tanto una incidencia positiva como negativa. Debido al tema del precongreso, me centraré solo en la incidencia negativa que pueda tener el abandono emocional o la falta total de relación familiar, de carácter continuado e imputable de modo exclusivo o principal a una de las partes del vínculo paternofilial (uno o ambos progenitores), dando lugar a la supresión de determinadas consecuencias jurídicas que el Código Civil liga a la relación paternofilial.

Primera implicación jurídico-civil: el abandono como ausencia de cuidados y de afectos puede llevar consigo la privación de la patria potestad.

La doctrina de la Sala 1ª del Tribunal Supremo exige una serie de condiciones para que tenga lugar la privación de la patria potestad: un incumplimiento grave y reiterado de los deberes paternofiliales que sea imputable de forma relevante al progenitor. Además, la amplia facultad discrecional del juez para apreciar la concurrencia del incumplimiento de los deberes paternofiliales no es absoluta en cuanto, a la vez, se trata de una actividad reglada, es decir, el juez deberá atender al interés superior del menor como criterio fundamental para la adopción de tal medida. La privación de la patria potestad debe llevarse a cabo por sentencia judicial y cabrá rehabilitación de la misma si desaparece la causa que la motivó.

El abandono total del progenitor a su hijo o hija no siempre implica privación de la patria potestad. La comparativa entre dos pronunciamientos del Tribunal Supremo permite ilustrar tal afirmación. Así, en la STS de 10.2.2012 (Ponente: María Encarnación Roca Trías) no se priva de la patria potestad al progenitor, mientras que en la STS de 30.1.2024 (Ponente: María Angeles Parra Lucán) se mantiene la solución contraria, teniendo en cuenta ambas sentencias qué es más conforme con el interés del menor en atención a las circunstancias de cada caso. En el primero de los pronunciamientos es el propio padre el que demanda solicitando que se regulen las relaciones paternofiliales sobre la guarda y custodia y el derecho de visitas de su hija, habiéndose él opuesto con anterioridad, tras la muerte de la madre de la que se separó al nacer la niña, a la constitución de la tutela solicitada por el tío materno de la menor. Los abuelos, que tienen la guarda y custodia de la menor, y su tío, solicitan, por su parte, la privación de la patria potestad del padre. Para el Tribunal Supremo el examen sobre la privación de la patria potestad es independiente de las complejas relaciones entre el padre y la familia extensa de la madre, concluyendo que no concurre un interés de la menor que deba producir dicha privación al ser el padre una persona sensata y reflexiva.

Por el contrario, en el pronunciamiento de 30 de enero de 2024, en el que el padre se ha limitado a reconocer al niño en el momento del nacimiento no teniendo ya más contacto con él, el Tribunal Supremo estima que la privación de la patria potestad solicitada por la madre sería beneficiosa para el menor, en cuanto que el mantenimiento de la titularidad compartida de la patria potestad por ambos padres permitiría interferir en el ejercicio de la patria potestad a quien se ha desentendido de todo lo que afecta al niño desde su nacimiento. Y ello no sería beneficioso para el niño en cuanto el padre no lo conoce ni está al tanto de sus necesidades personales, materiales y afectivas. La falta de personación del padre en el procedimiento judicial no solo confirma su desinterés y falta de preocupación por el niño, sino también la complejidad a la que abocaría la solución del mantenimiento de la titularidad compartida de la patria potestad sostenida por las dos sentencias de instancia.

La existencia de una sentencia de privación de la patria potestad en el caso de abandono emocional o afectivo total del hijo o hija, por tanto, por incumplimiento de sus deberes paternofiliales, abriría la puerta, de darse los requisitos legales y fácticos oportunos, a la posible pérdida por parte del progenitor incumplidor de ciertos beneficios de carácter patrimonial:

- La pérdida de la patria potestad por las causas del artículo 170 CC constituye justa causa para desheredar al progenitor incumplidor, tanto por parte del propio hijo (art. 854.1ª CC) como por parte de su cónyuge (art. 855.2ª) (aunque cierto sector doctrinal puntualiza que en el caso del cónyuge no haría falta sentencia de privación de la patria potestad, apoyándose en la literalidad del precepto legal).

- Por aplicación conjunta de los arts. 152.4 y 854.1ª CC, el progenitor privado de la patria potestad perderá su derecho de alimentos frente al hijo o hija.
- El progenitor privado por resolución firme de la patria potestad será incapaz para suceder por causa de indignidad respecto a la herencia del hijo o hija (art. 756.2ª.III CC).

Por consiguiente, *a sensu contrario*, la inexistencia de una sentencia de privación de la patria potestad impedirá la pérdida de los citados beneficios patrimoniales por parte del progenitor que abandonó al hijo durante su niñez y/o adolescencia. Pero ello no significa que, aun sin sentencia de privación de la patria potestad, el abandono de un menor en el sentido que aquí se viene indicando no pueda tener otras implicaciones jurídicas, tal y como se desprende de recientes sentencias del Tribunal Supremo. Las citadas consecuencias se explican a continuación.

Segunda implicación jurídico-civil: el abandono del progenitor al menor desde la niñez y/o adolescencia puede impedir la desheredación válida de este último en el testamento otorgado por el primero.

La última doctrina de la Sala de lo Civil del Tribunal Supremo exige dos condiciones para que un progenitor pueda desheredar a su hijo o hija en base a la falta de relación familiar (SSTS 27.06.2018, 24.05.2022 y 19.4.2023. Ponente: María Angeles Parra Lucán): primero, que la falta de relación sea continuada e imputable al descendiente legitimario y, segundo, que la misma haya causado un menoscabo físico o psíquico al testador con entidad suficiente para poder reconducirse a la causa del "maltrato de obra" del artículo 853.2ª CC. La más conflictiva y compleja de las dos condiciones es, sin duda, la imputabilidad al legitimario, ya que ello supone entrar en la causa o causas de la falta de relación, invadiendo, por tanto, la esfera íntima y personal de los familiares.

De la reciente STS de 5 de junio de 2024 (Ponente: María Angeles Parra Lucán) se deriva una importante consideración: el abandono previo por el progenitor de la hija durante su niñez y adolescencia, en este caso en el momento de la separación matrimonial a los siete años de edad, impide que la ausencia de contacto y relación con el padre sea reprochable a la hija. Añade, igualmente, que no puede estimarse reprochable el comportamiento de la hija de no visitar a su padre durante su última enfermedad en la medida en que tampoco consta que el padre, llegada la mayoría de edad de la hija, hiciera el más mínimo esfuerzo o intento para iniciar una relación paternofilial inexistente con esta última. Por consiguiente, el Tribunal Supremo considera, frente a lo mantenido por las dos sentencias de instancia, que no concurre justa causa de desheredación de la hija al no serle imputable la falta de relación familiar. En la misma línea, pero no con la misma claridad sobre las implicaciones del abandono, se pronuncia la anterior STS de 27 de junio de 2018, de idéntica magistrada ponente, que niega que la falta de relación sea imputable a la hija "(...) en cuanto esa falta de relación se inició cuando la demandante tenía nueve años, y que incluso se acordó judicialmente la suspensión de visitas entre el padre y la hija por ser contrarias a su interés, dada la relación conflictiva entre la menor y el padre y, sobre todo, entre la menor y la pareja del padre. Evidentemente, el origen de esa falta de relación no puede imputarse a la hija, dado que se trataba de una niña".

El paso ulterior que no llega a dar la STS de 5 de junio de 2024 es el planteamiento de la posibilidad de que el hijo abandonado en su niñez y/o adolescencia pueda llegar a desheredar a su progenitor cuando no haya existido una previa sentencia de privación de la patria potestad. Es cierto que tal posibilidad no viene contemplada en el Código Civil, pero tampoco viene prevista de forma expresa la desheredación de los hijos o hijas mayores de edad por maltrato psicológico a raíz del abandono emocional sufrido por su progenitor y, sin embargo, varios pronunciamientos del Tribunal Supremo lo permiten mediante la inclusión del maltrato psicológico en el concepto de maltrato de obra del art. 853.2ª CC (STS de 3 de junio de 2014, que es seguida por las STS de 30 de enero de 2015 y de 13 de mayo de 2019. Ponente: Francisco Javier Orduña Moreno). Lo cual implica, cuanto menos, un cierto trato asimétrico en materia de desheredación por falta de trato familiar o abandono emocional entre progenitores e hijos o hijas.

Tercera implicación jurídico-civil: el abandono del progenitor al hijo desde la niñez y/o adolescencia puede conducir a la supresión del apellido correspondiente a dicho progenitor.

Ejemplifica esta tercera implicación la STS de 21 de noviembre de 2022 (Ponente: José Luis Seoane Spiegelberg). La cuestión que se planteó en la citada decisión judicial es la de si, una vez determinada la filiación por ambas líneas, cabe autorizar, a petición de la hija ya mayor de edad, la solicitud de supresión del apellido paterno y su sustitución por uno materno con apoyo en la normativa vigente en el momento de los hechos del caso, el artículo 58 de la Ley de Registro Civil de 1957, según el cual: "cuando se den circunstancias excepcionales (...) podrá accederse al cambio por Real Decreto a propuesta del Ministerio de Justicia, con audiencia del Consejo de Estado". El Tribunal Supremo estima el recurso de casación interpuesto por la hija. La sentencia alude a la configuración del nombre y apellidos de una persona como un elemento de la identidad derivado de los derechos de la personalidad, que sirve a su individualización en las relaciones sociales y que obedece a elementales exigencias de seguridad en el tráfico jurídico.

Y añade que concurren las circunstancias excepcionales para la supresión del apellido paterno con cobertura en el ya citado artículo 58 LRC. Así, estima que es excepcional que un padre abandone de forma afectiva, emocional y material a una hija de cinco años, cortando las relaciones con ella y desapareciendo de su vida al regresar a su país de origen (Egipto). Ambos progenitores, en el momento de la ruptura matrimonial, llegaron al acuerdo de la cesión exclusiva a la madre del ejercicio de la patria potestad, pero con la conservación del derecho del padre a recibir comunicación o información respecto a las decisiones más relevantes relativas a la hija. El Tribunal Supremo considera igualmente probada la repercusión del abandono de forma muy intensa en la hija, con clara incidencia en su bienestar psíquico, provocando lesiones en su autoestima y aislamiento social y, además, una crisis de identidad personal y relación conflictiva con su apellido paterno extranjero, por el que se ha sentido discriminada socialmente. Tal apellido le rememora desagradables experiencias vividas y le produce rechazo. Como refuerzo de su fallo, la sentencia añade que el abandono no es imputable a la hija y que con la supresión del apellido paterno no se verían menoscabados derechos o situaciones protegibles de terceras personas (así, la demandante es mayor de edad, soltera, sin hermanos y el padre carece de vínculos dentro del ámbito en el que el pronunciamiento va a surtir efectos).

Cuarta implicación jurídico-civil: el posible daño moral derivado de la lesión de la integridad física o psíquica del menor sufrida por el abandono del progenitor durante su niñez y/o adolescencia, ¿puede indemnizarse?

En Brasil ya desde primeros del siglo XXI hay pronunciamientos judiciales que reparan al hijo o hija el daño moral derivado de la lesión de la integridad física y psíquica, con origen en el abandono afectivo del progenitor. Se explican dichos pronunciamientos judiciales como un refuerzo de la introducción del concepto jurídico del afecto en el Derecho de Familia. Por su parte, la doctrina italiana alude al "danno da privazione genitoriale" para referirse al perjuicio derivado de la ausencia de un progenitor, bien por la muerte de este ocasionada por un tercero, bien por el incumplimiento de deberes paternofiliales imputable al propio progenitor. De hecho, desde el año 2000 (Cass. 7 giugno 2000, n. 7713) se considera que el comportamiento del progenitor, manifestado en un desinterés por tener un ligamen afectivo frente al hijo menor, ocasiona a este último un daño en sus derechos fundamentales (principalmente en su derecho a la identidad personal), dando lugar a una hipótesis de responsabilidad extracontractual de la familia y admitiéndose la reparación del daño no patrimonial en virtud del art. 2043 del Código Civil italiano. Se estima, en concreto, que hay vulneración de la obligación de asistencia moral, material o educativa.

En mi opinión sí podría hablarse también de un supuesto de responsabilidad civil entre los miembros de la familia dentro del ordenamiento español, siempre y cuando concurran los siguientes requisitos:

-En primer lugar, existe aquí un comportamiento omisivo por parte del progenitor. En particular, se vulnera por omisión el deber jurídico genérico de asistencia de los padres a los hijos menores recogido en el art. 39.3 CE y que se concreta en los deberes paternofiliales del artículo 154 CC. En particular, aquí interesa el deber de vela, en el que prima el aspecto personal o de relación, y que persiste incluso en los casos de privación y exclusión de la patria potestad (arts. 110 y 111 CC). Su contenido es difícil de determinar, comprendiendo la prestación al hijo menor de todas las atenciones y cuidados requeridos para su adecuado desarrollo y para el más pleno desenvolvimiento de su personalidad. Consiste en el ingrediente fundamental del resto de deberes, en cuanto velar por los hijos implica la atención a su salud física y mental, informarse acerca de sus problemas, aficiones personales y sus amistades, la atención a su educación moral, cívica, religiosa, etc. No puede confundirse con un deber moral de dar afecto o amor a los hijos en cuanto mero sentimiento, ya que el imperativo de querer a los hijos y de quererlos por igual no es de carácter jurídico.

- En segundo lugar, es preciso la concurrencia de un daño al hijo, que tiene su causa en el incumplimiento del deber de vela. En particular, el daño moral deriva de la lesión de su integridad física y mental a raíz del citado incumplimiento. La ausencia total de una referencia paterna o materna durante la niñez y/o la adolescencia puede implicar en muchos casos un perjuicio grave en la estabilidad y el desarrollo psíquico y emocional del menor.

- Sería necesaria también la existencia de una conducta reprochable en el progenitor. Con el objetivo de no ampliar excesivamente la aplicación del resarcimiento del daño endofamiliar, parece razonable exigir la subsistencia del requisito del dolo (esto es, la vulneración consciente y voluntaria de los deberes paternofiliales de asistencia).

La responsabilidad civil puede constituir un remedio útil para aquellos supuestos en que los remedios que proporciona el Derecho de Familia no sean, para el caso concreto, una medida adecuada. Por ejemplo, la privación de la patria potestad no siempre se reputa una medida conforme al interés superior del menor.

Capítulo 8

Ruptura familiar y violencia en el marco del régimen de visitas y comunicaciones

DRA. PILAR BENAVENTE MOREDA[24]

Profesora Titular de Derecho Civil

Universidad Autónoma de Madrid (UAM)

I. INTRODUCCIÓN

No nos resulta ajeno y permanecen en nuestra memoria los asesinatos de los pequeños Ruth y José, por su padre, José Bretón en octubre de 2011 como venganza contra su madre tras la ruptura matrimonial. Tampoco el secuestro y asesinato de Anna y Olivia Zimmerman por su padre, Tomás Antonio Gimeno Casañas la noche del 27 de abril de 2021. Estas muertes producen especial estupor y dolor por tratarse de pequeños inocentes donde la rebuscada forma de herir a sus madres tuvo como víctimas a los propios hijos. Se hiere de muerte a la madre a través de la muerte de los hijos. En agosto de 2024 la ya

---

24 Email institucional: pilar.benavente@uam.es. Este trabajo se enmarca en el Proyecto de Investigación "Hacia una revisión del principio de solidaridad familiar: Análisis de su alcance y límites actuales y futuros", PID2019-104226GB-I00/AEI/ 10.13039/501100011033, financiado por el Ministerio de Ciencia e Innovación, cuyas IPs son Alma María Rodríguez Guitián y Pilar Benavente Moreda.
Este trabajo constituye un resumen de la ponencia presentada en el precongreso, por lo que su contenido es limitado y por ello incluye referencias y bibliografía minimas.

denominada violencia vicaria había acabado con la vida de 63 menores desde que comenzaran las estadísticas en 2013. Estos son algunos de los incontables asesinatos en manos de sus padres, en la mayoría de los casos, o de sus madres, donde la exclusiva razón de tales pérdidas inocentes se encuentra en los deseos de dañar al cónyuge a través del mayor daño posible, la muerte de los hijos.

El trabajo que se presenta en este Congreso parte necesariamente de tales situaciones para analizar las consecuencias de la violencia de género, familiar y vicaria en las relaciones familiares y específicamente vinculadas con las situaciones de crisis matrimoniales y sus consecuencias en el régimen de custodia de los hijos menores, así como en el régimen de visitas, comunicaciones y estancias de estos. Son varias las leyes que, de manera específica han afectado a la regulación de las normas sustantivas sobre custodia o régimen de visitas de los menores. Debe partirse necesariamente de la LO 1/2004, de 28 de diciembre, de protección integral contra la violencia de género (BOE.313, de 29.12.2004) y, posteriormente la Ley 5/2005, de 8 de julio, por la que se modifica el CC y la LEC en materia de separación o divorcio (BOE n.163 de 9.7.2005), el RDL 9/2018, de 3 de agosto, de medidas urgentes para el desarrollo del pacto de Estado contra la violencia de género (BOE 188, de 4.8.2018), la LO 8/2021 de 4 de junio de protección integral de la infancia y la adolescencia frente a la violencia (BOE 134 de 5.6.2021), la Ley 8/2021 de 2 de junio de reforma de la legislación civil y procesal en materia de discapacidad (BOE 132 de 3.6.2022), así como a nivel autonómico el Decreto-ley 26/2021, de 30 de noviembre, de modificación del libro segundo del Código civil de Cataluña en relación con la violencia vicaria (BOE de 21.1.2022).

Define la esencia de las reformas a las que aludimos en esta exposición la propia exposición de motivos de la LO 8/2021 de protección integral a la infancia y la adolescencia frente a la violencia, que pretende combatir la violencia sobre la infancia y la adolescencia desde una *aproximación integral*, en una respuesta extensa a la naturaleza multidimensional de sus factores de riesgo y consecuencias. *La ley va más allá de los marcos administrativos y penetra en numerosos órdenes jurisdiccionales para afirmar su voluntad holística.*

Se reflejan en esta ponencia los efectos más relevantes de la violencia de género, familiar o vicaria en la protección de los menores en las relaciones paternofiliales ordinarias, dentro del ejercicio de la patria potestad, la protección de los menores en las relaciones paternofiliales en situaciones de crisis matrimonial de sus progenitores, destacando en negativo una falta de regulación protectora en relación con las crisis de parejas de hecho- y por tanto claramente discriminatorias respecto de los hijos por razón del tipo de filiación. Igualmente ha de destacarse, también en negativo, la falta de respuesta ante situaciones de violencia en relación con la adopción de medidas provisionales (art.103 CC). Debe destacarse igualmente la previsión de especial tratamiento dentro de la regulación de la separación o divorcio inmediato de los progenitores (art.81.2º y 86), así como los efectos en el régimen de guarda y custodia compartida (ar.92.7 CC) y en el régimen de visitas y comunicaciones (art.94.4 Y 5 CC). Nuevamente en negativo debe destacarse la falta de previsión específica ante situaciones de violencia de género, doméstica o vicaria en relación con el régimen de atribución de la vivienda familiar.

Nos referimos a continuación brevemente a cada uno de dichos aspectos, presentando por un lado la actual regulación dentro del Código civil español, su comparativa con la regulación modificada dentro del Código Civil Catalán, resaltando al respecto las diferencias entre ambos textos legales para, finalmente recoger someramente el contenido de los pronunciamientos del TS a lo largo del presente año 2024 que pueden reflejar de alguna forma la interpretación que en estos momentos se está haciendo de los aspectos más problemáticos de la aplicación de los arts. 92. 7 y 94, 5 y 6 CC. Cuestión relevante en tanto en cuanto ambos preceptos han sido objeto de pronunciamiento específico por parte del Tribunal Constitucional en 2022 como consecuencia de, por un lado, la cuestión de inconstitucionalidad planteada contra el art.92.7 CC y por otro el recurso de inconstitucionalidad presentado contra el artículo 2, apartados décimo y decimonoveno de la Ley 8/2021, de 2 de junio, respecto del art.94.4 CC. En ambos casos por considerar que se vulneraba el derecho a la tutela judicial efectiva de los progenitores privados de la custodia o de las visitas de sus hijos, cuando aun no existía condena firme por violencia de género y al permitir la posible privación por la mera existencia de indicios de la misma.

II. INCIDENCIA DE LA VIOLENCIA DE GÉNERO, FAMILIAR O VICARIA EN LAS RELACIONES PATERNOFILIALES

1. La protección de los hijos frente a la violencia de género, familiar o vicaria en el ejercicio ordinario de la Patria potestad. Alteración del ejercicio y/o titularidad de la patria potestad (LO 8/2021, de 4 de junio)

Una cuestión relevante vinculada directamente con el ejercicio de la patria potestad a la que afecta la LO 8/2021, de 4 de julio, es la modificación del artículo 154.2, 3° del CC en relación con la decisión a adoptar sobre la residencia de los hijos. La facultad de decidir el lugar de residencia de los hijos e hijas menores de edad forma parte del contenido de la patria potestad que, por regla general, corresponde a ambos progenitores. Salvo suspensión, privación de la potestad o atribución exclusiva de dicha facultad a uno de los progenitores, se requiere el consentimiento de ambos o, en su defecto, autorización judicial para el traslado de la persona menor de edad, con independencia de la medida que se haya adoptado en relación con su guarda o custodia.

Relevantes resultan igualmente las consecuencias previstas en el artículo 156.2 CC en relación con las facultades exclusivas de uno solo de los progenitores para consentir la atención y asistencia psicológica de los hijos e hijas menores de edad, cuando haya sido dictada sentencia condenatoria o mientras no se extinga la responsabilidad penal o se haya iniciado procedimiento penal contra uno de los progenitores por atentar contra la vida, la integridad física, la libertad, la integridad moral o la libertad e indemnidad sexual de los hijos e hijas comunes menores de edad, o por atentar contra el otro progenitor.

Las medidas aquí aludidas, debe destacarse, afectan a los hijos en relación con sus progenitores con independencia de si existe o no matrimonio entre ellos, lo que resulta relevante en tanto en cuanto el resto de las medidas abordadas por las reformas legales de referencia toman como eje central de protección a los hijos en el seno de las relaciones matrimoniales o en los procesos de crisis matrimoniales. Sin embargo, rige en paralelo a las modificaciones que afectan al régimen de custodia o visitas en situaciones de crisis matrimonial, la posible suspensión cautelar de la patria potestad, del régimen de visitas y de la guarda y custodia dentro del seno de las relaciones paternofiliales al margen de la existencia de matrimonio o no entre progenitores. Así se establece expresamente en el reformado artículo 158.6 CC. Dicho precepto permite que el juez acuerde, de oficio, a instancia del propio hijo, de cualquier pariente o el Ministerio fiscal, la suspensión cautelar en el ejercicio de la patria potestad y/o el ejercicio de la guarda y custodia, la suspensión cautelar del régimen de visitas y comunicaciones establecidos en resolución judicial o convenio judicialmente aprobado y, en general, las demás disposiciones que considere oportunas, a fin de apartar al menor de un peligro o de evitarle perjuicios en su entorno familiar o frente a terceras personas, con la garantía de la audiencia del menor. Debe insistirse en la relevancia de tal medida en cuanto se establece dentro de las reglas del ejercicio de la patria potestad y al margen de que la misma sea ejercidas por progenitores casados entre sí.

Estas últimas medidas sin embargo ya estaban previstas, como medidas de protección y seguridad de las víctimas de violencia de género, en el artículo 65 (De las medidas de suspensión de la patria potestad o la custodia de menores) de la LO 1/2004, de 28 de diciembre de Medidas de Protección integral contra la violencia de género (BOE nº.313, 29.12.2004), modificado por la D.F.3ª de la LO 8/2015, de 22 de julio, de modificación del sistema de protección a la infancia y a la adolescencia (BOE A-2015-8222), con un ámbito de aplicación no limitado a quien ejerce la patria potestad sino a cualquiera respecto de los menores que dependen de él. Así, conforme al citado precepto: "*El Juez podrá suspender para el inculpado por violencia de género el ejercicio de la patria potestad, guarda y custodia, acogimiento, tutela, curatela o guarda de hecho, respecto de los menores que dependan de él. Si no acordara la suspensión, el Juez deberá pronunciarse en todo caso sobre la forma en la que se ejercerá la patria potestad y, en su caso, la guarda y custodia, el acogimiento, la tutela, la curatela o la guarda de hecho de los menores. Asimismo, adoptará las medidas necesarias para garantizar la seguridad, integridad y recuperación de los menores y de la mujer, y realizará un seguimiento periódico de su evolución*".

2. La existencia de violencia de género o vicaria permite interponer la demanda de separación o divorcio sin previo periodo de convivencia tras la celebración del matrimonio (art. 81.2 y 86 CC)

Retoma el legislador el sistema de protección de los cónyuges y de los hijos dentro, de nuevo, del seno del matrimonio, al posibilitar la presentación de demanda de separación o divorcio de manera inmediata sin necesidad de convivencia matrimonial previa (modif. L 15/2005, de 8 de julio por la que se modifica el CC y LEC en materia de separación o divorcio). Así se establece que: *Se decretará judicialmente la separación, cualquiera que sea la forma de celebración del matrimonio: (..). 2.º A petición de uno solo de los cónyuges, una vez transcurridos tres meses desde la celebración del matrimonio. No será preciso el transcurso de este plazo para la interposición de la demanda cuando se acredite la existencia de un riesgo para la vida, la integridad física, la libertad, la integridad moral o la libertad e indemnidad sexual del cónyuge demandante o de los hijos de ambos o de cualquiera de los miembros del matrimonio (..).*».

3. La protección de los hijos menores en las relaciones paternofiliales ante la crisis matrimonial de sus progenitores mediando violencia de género/doméstica/vicaria

3.1. Efectos en el régimen de guarda y custodia compartida (art.92.7 CC)

Establece el vigente artículo 92.7 del CC 7 que: "*No procederá la guarda conjunta cuando cualquiera de los progenitores esté incurso en un proceso penal iniciado por intentar atentar contra la vida, la integridad física, la libertad, la integridad moral o la libertad e indemnidad sexual del otro cónyuge o de los hijos que convivan con ambos. Tampoco procederá cuando el juez advierta, de las alegaciones de las partes y las pruebas practicadas, la existencia de indicios fundados de violencia doméstica o de género. Se apreciará también a estos efectos la existencia de malos tratos a animales, o la amenaza de causarlos, como medio para controlar o victimizar a cualquiera de estas personas*"

Se resaltan conscientemente dos frases del citado precepto en tanto en cuanto son las que constituyen la esencia (relevante ciertamente) del cambio operado en el citado apartado 7 desde su primera regulación hasta los momentos actuales.

Debe decirse que fue la Ley 15/2005, de 8 de julio ya citada, la que introdujo un párrafo 7 en el artículo 97 por primera vez, con una redacción prácticamente igual a la vigente, pero en la que, específicamente y atendiendo a lo indicado anteriormente, se hablaba de "atentar" y no de "intentar atentar" y se mencionaba exclusivamente la violencia doméstica y no (como ahora), la violencia doméstica o de género. Curiosamente la exposición de motivos de la Ley de 2005 que introduce tan relevante cambio en el texto del artículo 92 del CC, no hace la más mínima mención al tema ni a las razones de su introducción.

El citado precepto se modificó nuevamente por la disposición final segunda de la Ley 4/2021, de 4 de junio, de protección integral a la infancia y la adolescencia frente a la violencia, con la finalidad de reforzar el interés superior del menor en los procesos de separación, nulidad y divorcio de sus progenitores, así como para asegurar que existan las cautelas necesarias para el cumplimiento de los regímenes de guarda y custodia.

Conforme a dicha regulación se establece que no procederá la guarda conjunta cuando se den cualquiera de las situaciones siguientes: a) Cuando cualquiera de los progenitores esté incurso en un proceso penal iniciado por atentar contra la vida, la integridad física, la libertad, la integridad moral o la libertad e indemnidad sexual del otro cónyuge o de los hijos que convivan con ambos; b) Cuando el juez advierta, de las alegaciones de las partes y las pruebas practicadas, la existencia de indicios fundados de violencia doméstica o de género.

La relevancia de la reforma se puede encontrar claramente en el carácter preventivo de la protección hacia los hijos en tanto en cuanto se actúa no solo ante una condena penal o la existencia de un proceso abierto por atentar contra la vida, la integridad física, la libertad, la integridad moral o la libertad e indemnidad sexual del otro cónyuge o de los hijos que convivan con ambos, sino también ante la existencia de indicios fundados de violencia doméstica o de género. Si bien la exclusiva novedad que introduce la Ley 4/2021 es la inclusión, junto con la violencia de género, de la violencia doméstica.

Será sin embargo la reforma operada en el artículo 92 CC por Ley 17/2021, de 15 de diciembre, de modificación del Código Civil, la Ley Hipotecaria y la Ley de Enjuiciamiento Civil, sobre el régimen jurídico de los animales. –(BOE nº. 300, de 16.12.2021) la que introduzca el matiz, no inocuo, relativo a a la situación del progenitor no solo cuando "atenta" contra la vida de su cónyuge o sus hijos, sino cuando "intente atentar".

La reforma operada por el legislador en 2005 sobre el artículo 92.7 CC, esencia de las posteriores modificaciones del precepto, fue sometida a cuestión de Inconstitucionalidad (4701-2020) por el Juzgado de violencia sobre la mujer nº 1 de Jerez de la Frontera, por posible vulneración del principio del interés superior del menor (art. 39.2 y 4 CE), del libre desarrollo de la personalidad (art. 10.1 CE), del derecho a la vida familiar (arts. 10.1 y 39.1 CE, en relación con el art. 8 del Convenio Europeo de Derechos Humanos), y el derecho a la vida privada (art. 10.1 CE) en relación con el art. 8 del CEDH). En proceso de divorcio de los cónyuges, en el que ambos habían llegado al acuerdo de una custodia compartida sobre los hijos menores, se denegó judicialmente la misma, pasando las actuaciones a la competencia del juzgado de violencia contra la mujer, por estar incursos ambos en sendas investigaciones por violencia de género y doméstica respectivamente. El TC resuelve en su *Sentencia 98/2022, de 12 de julio* (BOE núm. 195, de 15 de agosto de 2022, ECLI:ES:TC:2022:98). Se planteaba la duda de si el art.92.7 CC necesariamente obligaba al juez a denegar la custodia compartida en tales casos, pese a ser solicitada por ambos progenitores. La sentencia, que nos podía haber ilustrado sobre la interpretación que habría de darse al precepto, no entró sin embargo en si la medida automática de no custodia es inconstitucional. Ello porque, ante medidas cautelares penales previas contra ambos se hacía imposible la custodia compartida, al margen del 92.7 (RODRÍGUEZ GUITIÁN, A., 2022, pp. 15 y 16)

3.2 Efectos en el régimen de visitas acordado judicialmente (art. 94.4 y 5 CC) (L 8/2021, de 2 de junio, ¿por qué en esta ley?)

Centrados en las medidas sobre las que ha de pronunciarse el juez en el proceso de separación o divorcio, el artículo 94 del CC regula específicamente lo que procede en relación con el régimen de visitas y comunicaciones de los hijos del matrimonio. Estas constituyen un derecho esencial de los hijos que en base al derecho a relacionarse con los progenitores y su determinación debe acordarse siempre atendiendo al superior interés del menor (Vid. CALZADILLA MEDINA, A., 2021).

Los apartados 4 y 5 del artículo 94 que son objeto de modificación por LO 8/2021, de 2 de junio, que modifica la legislación civil y procesal en materia de discapacidad, establecen la denegación o suspensión del régimen de visitas o estancias en situaciones de violencia de género y doméstica (aplicable por tanto cuando la violencia es ejercida por cualquiera de los progenitores).

Esta suspensión o denegación se producirá respecto del progenitor que: a) esté *incurso en un proceso penal iniciado* por atentar contra la vida, la integridad física, la libertad, la integridad moral o la libertad e indemnidad sexual del otro cónyuge o sus hijos o, b) cuando existen *indicios fundados de violencia doméstica o de género.*

Si bien, excepcionalmente la autoridad judicial podrá establecer un régimen de visita, comunicación o estancias, mediante resolución motivada y justificado en el interés superior del menor o en la voluntad, deseos y preferencias del mayor con discapacidad necesitado de apoyos y previa evaluación de la situación de la relación paternofilial.

No procede sin embargo excepción alguna si el progenitor está en situación de prisión, provisional o en virtud de sentencia firme, acordada en procedimiento penal por los delitos previstos en el precepto.

Sobre la especial regulación del régimen de visitas en situaciones de violencia de género o doméstica se ha pronunciado en varias ocasiones el TC. En la primera ocasión lo hizo para dar respuesta al recurso de inconstitucionalidad presentado contra la reforma del art-94.4 del CC y en las otras dos, la Sala segunda se pronuncia, ante sendos recursos de amparo promovidos, respectivamente por el cónyuge suspendido de las visitas respecto de sus hijos (STC 53/2024, de 8 de abril -JUR/2024/140089-) y por la madre sobre la que recayó la guarda y custodia respecto de la forma de gestionar las visitas del progenitor agresor, en el correspondiente punto de encuentro (STC 115/2024, de 23 de septiembre -JUR/2024/310125-)

*El Tribunal Constitucional se pronunció sobre la constitucionalidad de la reforma del artículo 94.4 CC en *su Sentencia 106/2022, de 13 de septiembre 2022 (RTC/2022/106).* El recurso de inconstitucionalidad se presentó por el grupo parlamentario de Vox en el Congreso, precisamente alegando la inconstitucionalidad del artículo 94.4 conforme la redacción otorgada por la Ley 8/2021, de 2 de junio, al considerare que se vulneraba el art. 117 CE en relación con el art. 39 CE y el derecho a la tutela judicial efectiva prevista en el art. 24.1 CE. El TC resuelve entendiendo que no existe vulneración de los principios de seguridad jurídica, de protección de la infancia y de la familia y de exclusividad jurisdiccional y del derecho fundamental a obtener la tutela efectiva de jueces y tribunales. Los preceptos invocados no privan de forma automática al progenitor del régimen de visitas o estancias porque el juez mantiene la competencia para ello al conectar el inciso tercero con los dos primeros previa motivación de la decisión.

*Procede hacer referencia igualmente, a la *STC 53/2024, de 8 de abril (sala de lo penal)* (BOE núm. 118, de 15 de mayo de

2024) en la que se resuelve sobre un recurso de amparo promovido por el cónyuge privado del régimen de visitas respecto de sus hijos en proceso de divorcio. Se invocaba la vulneración del derecho a la tutela judicial efectiva en relación con la obligación de asegurar la protección integral de la familia y de los hijos y el estatuto constitucional de los derechos del condenado que esté cumpliendo pena de prisión, entendiendo que las resoluciones judiciales precedentes consideraron, de manera irrazonable, la situación de ingreso en prisión del padre como causa de privación del derecho de visitas.

Los órganos judiciales en el marco de un proceso de divorcio privaron al padre —recurrente en amparo y quien estaba en prisión— del derecho de visitas a sus dos hijas menores. Asimismo, se atribuyó a la madre la guarda y custodia, el ejercicio de la patria potestad en exclusiva, mientras el padre estuviere en prisión y el uso y disfrute del domicilio familiar.

El TC estima parcialmente el recurso en tanto en cuanto las resoluciones judiciales no satisficieron el canon de motivación reforzado exigible, vulnerándose así el derecho a la tutela judicial efectiva sin indefensión en relación con la obligación de los poderes públicos de asegurar la protección integral de la familia y de los hijos y el estatuto constitucional de los derechos del condenado que esté cumpliendo pena de prisión. En primer lugar, se basaron en criterios insuficientes para justificar la privación del derecho del padre a relacionarse con sus hijas; no especificaron por qué esta privación es lo más adecuado para el interés superior de las menores ni por qué no se tuvo en cuenta su voluntad. En segundo lugar, fundamentaron la restricción de visitas basándose únicamente en el hecho de que el recurrente estaba en prisión, sin apoyarse en un precepto legal específico, en el contenido de la condena o en una exigencia derivada del sentido de la pena que respaldase la decisión.

*Más recientemente se pronuncia el TC en su *Sentencia de 23 de septiembre de 2024* (Sala de lo Penal). Resulta relevante, de nuevo, la valoración sobre la que gira la interpretación de la aplicación de las normas relativas al cumplimiento del régimen de visitas en relación con el alcance que en todo el proceso ha de darse a la valoración del interés superior del menor. En esta ocasión, en sentido negativo, determinando en qué medida existen conductas que no procede exigirse de la progenitora custodia, máxime cuando en el proceso ha existido una situación de violencia de género.

En esta ocasión el recurso de amparo se plantea por parte de la esposa y madre, a quien en las resoluciones recurridas se le apercibía para que ejecutase la sentencia de divorcio en sus propios términos en materia de visitas de la hija menor. Ante el rechazo de la niña a las visitas con el padre, el Punto de Encuentro Familiar suspendió las visitas que, al existir una denuncia contra el padre por violencia de género, se estaban desarrollando bajo el régimen establecido, pero sin la participación de la madre, siendo la abuela materna quien llevaba a la menor al Punto de Encuentro. El Juzgado de Violencia entiende que, si bien el fallo de la sentencia de divorcio no imponía un deber personalísimo a la madre de llevar a la hija menor al Punto de Encuentro Familiar, sí le exigía una actitud de cooperación que no estaba ejerciendo por no adoptar la abuela una posición proactiva en favor de los encuentros y las visitas que la menor se negaba a realizar.

La Sala Segunda sostiene, que requerir judicialmente a la progenitora custodia una actitud favorecedora de la realización del régimen de visitas y/o estancias establecido en un proceso de divorcio contencioso, o presumir en sede judicial que el interés superior del menor solo quedará preservado en un contexto en el que se favorezcan las relaciones con el padre no custodio, contraviene el canon de motivación exigido por el art. 24.1 CE. El pronunciamiento de la Sala insiste en que la motivación reforzada se exige particularmente en los supuestos de violencia de género, porque las resoluciones adoptadas en tales situaciones están conectadas con el derecho a la igualdad y la prohibición de discriminación por razón de sexo(art. 14 CE). Sostiene el Tribunal, apelando a su doctrina previa, que la discriminación entraña siempre una arbitrariedad en el razonamiento judicial.

4. La posición del TS en las últimas decisiones adoptadas en 2024.

La última parte de la ponencia presentada se dedica a analizar, brevemente, el contenido de las ultimas decisiones adoptadas por el TS durante el año en curso, 2024, consciente de la existencia de pronunciamientos anteriores, pero tratando de reflejar "la foto del momento", que reproduzca la situación a día de hoy sobre el régimen de guarda y custodia, visitas y comunicaciones y limitaciones al ejercicio de la patria potestad en el ámbito de los artículos 92.7 y 94.4 y 5 del CC.

En los pronunciamientos del TS durante el año 2024 se ha abordado el régimen de custodia, suspensión de las visitas por ejercicio de violencia con condena penal en algunos casos, sobre la base de la resolución por parte de los juzgados de violencia sobre la mujer, a los que se atribuye la competencia del proceso matrimonial en estos casos y donde se hace una valoración de la suspensión- no automática- ponderando las circunstancias concurrentes con el interés preferente del menor.

En la *STS de 5 de febrero de 2024* (694/2024) se resolvió sobre la custodia de la hija menor en relación con el padre, que había sido condenado por lesiones y por la existencia de conductas poco adecuadas con la hija. El JPI suspendió el régimen de visitas, decisión que fue revocada por la AP porque la violencia no fue contra la menor.

En este punto, resulta relevante reflejar la relevancia que adquiere alternativamente la posible solución, frente a la suspensión de las visitas, de articular el régimen de visitas a través de su gestión en los puntos de encuentro. El TS, valora en su sentencia como esencial la atención al interés superior del menor, considerado como un concepto jurídico dinámico, como bien constitucional (p. axiológico preferente), concepto jurídico indeterminado integrado dentro del marco del orden público que opera como límite a la autonomía de los progenitores en los negocios jurídicos de familia con respecto a las medidas referentes a los hijos menores de edad (art. 90 CC). El interés preferente del menor puede justificar la limitación y suspensión del régimen de comunicación entre padres e hijos. Y, ponderando en todo caso las circunstancias concurrentes, el TS mantiene la suspensión.

El mismo criterio se mantiene, respecto de la suspensión del régimen de visitas, en la *STS 21de febrero de 2024* (1097/2024) donde se partía de una condena penal del padre por violencia de género.

En la *STS de 26 de junio de 2024* (3546/2024), en la que igualmente había una condena por delito de violencia de género, que había provocado la suspensión del régimen de visitas del padre, se debate sobre la opción de permitir un régimen de comunicaciones telefónicas controladas (cuestión a la que los preceptos sustantivos del CC no hacen alusión y constituían desde el principio de los debates sobre los textos reformados, un elemento no regulado ni resuelto legalmente). En este caso la madre había solicitado la custodia exclusiva y la suspensión de visitas por el padre. El Juzgado de Violencia contra la mujer establece un régimen de comunicación telefónica limitado. El Instituto de medicina legal propuso la supresión de comunicaciones atendiendo al interés superior del menor. La AP revoca parcialmente la decisión de instancia estableciendo un régimen de comunicaciones y visitas limitado y supervisado para evitar la pérdida de contacto entre el padre y los hijos, si se suspenden. Sin embargo, el TS, atendiendo precisamente al interés superior de los menores, exige la suspensión del régimen de visitas y comunicaciones por la forma perniciosa en que estas últimas se estaban produciendo.

En la STS de 10 de julio de 2024 (4147/2024) se resuelve sobre una denuncia presentada, con posterioridad al divorcio, por malos tratos contra el hijo, por parte del padre. A consecuencia de dicha denuncia, el Juzgado de Instrucción incoó diligencias previas y decretó la libertad provisional del demandado, sin adoptar medidas cautelares con respecto a los menores. La madre solicita la suspensión del régimen de visitas. El JPI desestima la pretensión dado el carácter incipiente de la investigación sobre los hechos. La AP fija un régimen de custodia compartida. El TS estima el recurso interpuesto por la madre considerando improcedente la custodia compartida atendiendo a las circunstancias concurrentes, entre ellas el proceso penal seguido contra el padre por malos tratos al hijo –apertura juicio oral y acusación M.F- y aplica, en cuanto al régimen de visitas, el art.94.4 CC ya que al existir un proceso penal iniciado procede la suspensión de las visitas a expensas del resultado de la sentencia que se pronuncie en el proceso penal.

En la STS de 18 de septiembre de 2024 (4692/2024), se discutía igualmente sobre el regimen de visitas del padre, respecto de su hija menor, de 6 años, teniendo en cuenta que el progenitor fue condenado en mayo de 2022, como responsable, en concepto de autor, de un delito de violencia de género, de malos tratos habituales y otro continuado de amenazas. Pese a ello, se dictó sentencia en la que se acordó atribuir la guarda y custodia de la hija a la madre, con ejercicio conjunto de la patria potestad, fijando un régimen de visitas tutelado y progresivo para normalizar las relaciones de comunicación entre el padre y su hija, hasta entonces inexistentes. La AP confirmó la decisión de instancia considerando beneficioso para el interés superior de la menor el mantenimiento del régimen de visitas, porque la menor, de esta forma, no perdería la relación y contacto con su progenitor, argumentando igualmente a favor de ello por el hecho de que la menor no había sido consciente de la situación de los malos tratos dada su corta edad- 4 meses- cuando el padre abandonó el hogar familiar. El régimen de visitas se estableció supervisado por los técnicos de los puntos de encuentro. El TS tras analizar la jurisprudencia precedente, así como la ya citada STC 106/2022, resuelve analizando de forma motivada y ponderando las circunstancias concurrentes (por lo que se sitúa en el marco del art 94.4 y no de la regla del 94.5 que proscribe taxativamente tal posibilidad en caso de encontrarse el progenitor en prisión), así como los informes del MF y de los psicólogos, concluyendo que no procede la suspensión del régimen de visitas establecido entendiendo que el interés superior de la niña en este caso no radica en la "amputación de cualquier clase de relación con su progenitor". Si bien lo establece de una forma limitada, progresiva y controlada.

5. Especial referencia al Derecho catalán. Algunas diferencias con el derecho común. Su regulación por el Decreto-ley 26/2021, de 30 de noviembre.

Brevemente resumimos algunas de las cuestiones que se abordaron en la ponencia, relativas al derecho de visitas en los supuestos en los que media una situación de violencia de género y especialmente de violencia vicaria en las que, los artículos 233-11, 236-5 y 236-8 del CCCat, modificados por el Decreto Ley 26/2021, de 30 de noviembre, resuelven de una forma sustancialmente diferente a la prevista en el CC o, en su caso, incluyen referencia expresa a aspectos no mencionados por la normativa común. Estos aspectos se refieren a continuación de manera sucinta dado el carácter de mero resumen en estas líneas de la ponencia presentada:

- Se elimina la actual mención a que «los hijos hayan sido o puedan ser víctimas directas o indirectas», porque, conforme a la situación que existe en este estado de violencia, las hijas y los hijos siempre son víctimas directas o indirectas. Se sustituye la mención «contra el cual hay sentencia firme por actos de violencia familiar o machista» por «cuando haya indicios fundamentados de que ha cometido actos de violencia familiar o machista».

- Se hace referencia expresa al régimen de las comunicaciones, además de las estancias con el progenitor no custodio.
- Se posibilita que, de forma motivada, la autoridad judicial pueda acordar que se puedan hacer estancias o comunicaciones en interés superior del niño.
- Se ha incluido una prohibición genérica en la misma línea, en el contexto de la potestad parental, permitiendo que excepcionalmente, la autoridad judicial pueda establecer, de forma motivada, un régimen de estancias, relación o comunicaciones en interés de la persona menor, una vez escuchada, si tiene capacidad natural suficiente.
- Se amplían los supuestos en que no es necesario el consentimiento del progenitor violento para que los hijos e hijas puedan recibir atención y asistencia psicológica.

ALGUNAS NOTAS BIBLIOGRÁFICAS (citadas en el resumen)

- CALZADILLA MEDINA, M. A., "La constitución de un régimen de visitas y comunicaciones en los casos de violencia: la ley de reforma del art.94 del CC por Ley 8/2021, de 2 de junio" En *Estudios jurídicos sobre la eliminación de la violencia ejercida contra la infancia y la adolescencia* Calzadilla Medina. M. A., Dir. dir- y HERNÁNDEZ LÓPEZ, C., Coord-) Thomson Reuters Aranzadi 2021, págs 193-227.

- NAVARRO-MICHEL, M., "Les mesures civils de protecció de fills i filles de dones víctimes de la violència masclista", *Revista Catalana de Dret Privat,* vol. 26 (2022), págs.75-109.

- RODRÍGUEZ GUITIÁN, AM., "Incidencia de la violencia de género y doméstica sobre el régimen de visitas en la reforma civil y procesal en materia de discapacidad". *Mujer, discapacidad y derecho* / coord. por Joan Andreu Ferrer Guardiola; Beatriz Verdera Izquierdo (dir.), 2023, págs. 257-278

Capítulo 9

Nuevas tecnologías, inteligencia artificial y violencia contra la infancia y adolescencia

DRA. ANA ISABEL BERROCAL LANZAROT
Profesora Contratada Doctora de Derecho Civil (acreditada a Profesora Titular)
Universidad Complutense de Madrid

Los menores de edad no emancipados están acostumbrados a desarrollar numerosos actos a través de la tecnología y en un entorno digital. Son los llamados "nativos digitales" que manejan de forma hábil las tecnologías de la información y la comunicación (TICs) y ven como sus derechos, en ocasiones, son infringidos y carecen de suficientes garantías,

Ciertamente, el entorno digital ha supuesto un incremento de la comunicación mucho más rápido e intenso, y ha supuesto para los menores un lugar común en que internet ha representado un espacio donde realizar un comportamiento, actividad y también una forma de aprendizaje. Este especial se ha visto considerablemente incrementado en su utilización como ocasión de la crisis sanitaria del Covid-19 y ha supuesto que los menores han tenido que operar en las redes tanto para su ocio como para el desarrollo de la actividad educativa.

El Consejo de Derechos Humanos de Naciones Unidas en la Resolución "promoción, protección y disfrute de los derechos humanos en internet" afirmó que los derechos de los sujetos debían ser protegido en internet, invocando el artículo 19 de la Declaración de Derechos Humanos y el Pacto Internacional de Derechos Civiles y Políticos.

En este contexto, una integración digital tiene que relacionarse también con una previa integración social y, asimismo, puede dar lugar a que los menores se encuentre en una situación de vulnerabilidad. De ahí, la necesidad que los poderes públicos adopten una serie de herramientas e instrumentos que previamente el legislador haya contemplado para su protección.

La protección de las personas menores de edad es una obligación prioritaria de los poderes públicos, reconocida en el artículo 39 de la Constitución Española y en diversos tratados internacionales, entre los que destaca la mencionada Convención sobre los Derechos del Niño, adoptada por la Asamblea General de las Naciones Unidas el 20 de noviembre de 1989 y ratificada por España en 1990, sus tres protocolos facultativos y diversas propuestas y Observaciones Generales formuladas por el Comité de los Derechos del Niño: la Observación General número 12, de 12 de junio de 2009, sobre el derecho del niño a ser escuchado; la Observación General número 13, de 2011, sobre el derecho del niño y la niña a no ser objeto de ninguna forma de violencia; y la Observación General número 14, de 2014, sobre que el interés superior del niño y de la niña sea considerado primordialmente; además de las Observaciones finales a España de 3 de noviembre de 2010.

En el seno de la Unión Europea, el artículo 3 del Tratado de Lisboa se refiere a la "protección de los derechos del niño", que representa un objetivo general de la política común, tanto en el espacio interno como en las relaciones exteriores.

Por su parte, entre los acuerdos e instrumentos internacionales destacan dos Convenciones de Naciones Unidas, la Convención sobre los Derechos del Niño, de 20 de noviembre de 1989, ratificada el 30 de noviembre de 1990 y sus Protocolos facultativos, y la Convención de los Derechos de las Personas con Discapacidad, de 13 de diciembre de 2006, instrumento de ratificación de 23 noviembre de 2007. Además, resultan reseñables dos Convenios impulsados por la Conferencia de La Haya de Derecho internacional privado: el Convenio relativo a la protección del niño y a la cooperación en materia de adopción internacional, de 29 de mayo de 1993, ratificado el de 30 de junio de 1995 y el Convenio relativo a la competencia, la ley aplicable, el reconocimiento, la ejecución y la cooperación en materia de responsabilidad parental y de medidas de protección de los niños, de 28 de mayo de 2010, ratificado el 6 de septiembre de 2010. Por otra parte, deben destacarse también tres Convenios del Consejo de Europa, el relativo a la adopción de menores, hecho en Estrasburgo el 27 de noviembre de 2008, ratificado el 16 de julio de 2010, el relativo a la protección de los niños contra la explotación y el abuso sexual, hecho en Lanzarote el 25 de octubre de 2007, ratificado el 22 de julio de 2010, así como el Convenio Europeo sobre el Ejercicio de los Derechos de los Niños, hecho en Estrasburgo el 25 de enero de 1996, ratificado el 11 de noviembre de 2014; el Convenio sobre prevención y lucha contra la violencia contra la mujer y la violencia doméstica (Convenio de Estambul); el Convenio sobre la lucha contra la trata de seres humanos o el Convenio sobre la Ciberdelincuencia; además de incluir en la Estrategia del Consejo de Europa para los derechos del niño (2016-2021) un llamamiento a todos los Estados miembros para erradicar toda forma de castigo físico sobre la infancia. Finalmente, el Reglamento (CE) n.º 2201/2003 del Consejo de 27 de noviembre de 2003, relativo a la competencia, el reconocimiento y la ejecución de resoluciones judiciales en materia matrimonial y de responsabilidad parental, por el que se deroga el Reglamento (CE) n.º 1347/2000.

En el ámbito interno, las observaciones llevadas a cabo por el Defensor del Pueblo (en sus documentos "Menores o adultos. Procedimientos para la determinación de la edad" de 2011 y "La trata de seres humanos en España: víctimas invisibles" de 2012); los compromisos y metas del Pacto de Estado contra la violencia de género, en la que debemos reseñar la meta 16.2: "Poner fin al maltrato, la explotación, la trata y todas las formas de violencia y tortura contra los niños" dentro del Objetivo 16 de promover sociedades, justas, pacíficas e inclusivas, así como la Agenda 2030.

Ahora bien, el cuerpo normativo español ha incorporado importantes avances en la defensa de los derechos de las personas menores de edad, así como en su protección frente a la violencia: así la reforma operada en la Ley Orgánica 1/1996, de 15 de enero, de Protección Jurídica del Menor, de modificación parcial del Código Civil y de la Ley de Enjuiciamiento Civil (en adelante, LOPJM), por la Ley Orgánica 8/2015, de 22 de julio (en adelante, LO 8/2015). Todo ello sin olvidar el papel de los padres (quienes ejercen la patria potestad) o, en su caso, el tutor en la protección integral de menores de edad no emancipados (artículos 154, 199 y 200 del Código Civil).

En este contexto, efectivamente, el legislador estatal consideró necesario adaptar algunas de las normas existentes como la Ley Orgánica 1/1996, de 15 de enero de Protección Jurídica del Menor, de modificación parcial del Código Civil y de la Ley de Enjuiciamiento Civil –en adelante, LOPJM- trascurridos veinte años de su aprobación, el Código Civil y la Ley de Enjuiciamiento Civil a los nuevos cambios sociales que, han incidido en la situación de los menores y demandan una mejora en los instrumentos de protección jurídica para hacer efectiva precisamente el mandato constitucional contenido en el citado artículo 39 de la Constitución española y las normas de carácter internacional mencionadas[25]. Para ello se aprobó la Ley Orgá-

---

[25] GARRIDO CHAMORRO P. (2015). "Las instituciones civiles de protección de menores y la adopción", *Instituciones de Derecho Privado, T.IV Familia, vol. 2º, director Víctor M. Garrido De Palma,* 2ª ed., Civitas Thomson Reuters, Cizur Menor, Navarra, p. 912 señala que, con la reforma "se ha generado un nuevo derecho de protección de

nica 8/2015, de 22 de julio y la Ley 26/2015, de 28 de julio ambas de modificación del sistema de protección de la infancia y la adolescencia, que introduce como principio rector de la actuación administrativa el amparo de las personas menores de edad contra todas las formas de violencia, incluidas las producidas en su entorno familiar, de género, la trata y el tráfico de seres humanos y la mutilación genital femenina, entre otras. De acuerdo a la Ley, los poderes públicos tienen la obligación de desarrollar actuaciones de sensibilización, prevención, asistencia y protección frente a cualquier forma de maltrato infantil, así como de establecer aquellos procedimientos necesarios para asegurar la coordinación entre las administraciones públicas competentes y, en este orden, revisar en profundidad el funcionamiento de las instituciones del sistema de protección a las personas menores de edad y constituir así una protección efectiva ante las situaciones de riesgo y desamparo.

La primera de las normas citadas (LO 8/2015) tiene por objeto introducir cambios jurídico-procesales y sustantivos ne-

---

menores caracterizado por *dos notas esenciales*, que hasta el momento o no se habían formulado con su actual radicalidad y trascendencia informadora, o no siquiera estaban presentes en nuestro ordenamiento. Se trata en primer lugar, del principio de absoluta *primacía del interés del menor* (que obligaría a modificar desde su base muchas de las anteriores normas e instituciones y traería consigo novedades, como la figura del desamparo y sus consecuencias, la exigencia de consentimiento o audiencia del menor, la equiparación absoluta de efectos de los distintos tipos de filiación, etc.). y, por otra parte, como consecuencia necesaria del anterior principio y de la incapacidad fáctica del menor para defenderse adecuadamente, se reorganizaría toda la materia mediante una intensa *administrativización*, de modo que en la mayoría de los supuestos la facultad de decidir o solicitar la adopción de diversas formas de protección de menor recaerá de modo exclusivo y excluyente en la propia administración, a la que se atribuirá de este modo la competencia general en materia de protección de menores".

cesarios en aquellos ámbitos considerados como materia orgánica, al incidir en los derechos fundamentales y libertades públicas establecidas en los artículos 14, 15, 16, 17.1, 18.2 y 24 de la Constitución española. Se pretende la mejora de los citados instrumentos de protección a los efectos de continuar garantizando a los menores una protección uniforme en todo el territorio del estado que, sirva de marco a las Comunidades Autónomas en el desarrollo de sus respectiva legislación de protección de menores con independencia de su situación administrativa en caso de menores extranjeros[26] y, asimismo, se procede a la revisión del sistema español de protección de menores conforme a los últimos convenios internacionales ratificados por España sobre la materia[27]. Además, se lleva a cabo

---

26 LOPEZ AZCONA, A. (2016). "Luces y sombras del nuevo marco jurídico en materia de acogimiento y adopción de menores: a propósito de la Ley Orgánica 8/2015 y la Ley 26/2015, de modificación del sistema de protección a la infancia y adolescencia", *Boletín de Información del Ministerio de Justicia, año LXX, número 2185, enero,* pp. 7 y 9 para quien un marco jurídico uniforme en materia de protección de menores en todo el Estado español, resulta muy necesaria; SAINZ-CANTERO CAPARRÓS B. (2014). "El modelo común para la intervención con menores en riesgo y desamparo propuesto por el Anteproyecto de Ley de Protección de la Infancia", *Revista de Derecho Civil, vol. I, número 4 (octubre-diciembre),* pp. 109-110; MUÑOZ GARCÍA C. (2014). "Anteproyecto de Ley de Protección a la infancia: mejorar la situación de la infancia y adolescencia y garantizar una protección uniforme (1)", *LA LEY, núm. 8342, sección Tribuna, 27 de junio,* p. 2.

27 UREÑA MARTÍNEZ, M. (2015). "Novedades más significativas en el Código Civil en materia de menores tras la entrada en vigor de la Ley 26/2015, de 28 de julio de modificación del sistema de protección a la infancia y a la adolescencia", *Revista CESCO de Derecho de Consumo, número 15,* p. 145; ÁLVAREZ OLALLA, M.P. (2014). "Modificaciones de Derecho Civil contenidas en el Anteproyecto de Ley de protección de la infancia", *Aranzadi Civil-Mercantil,* número 4, julio, p. 39; LOPEZ AZCONA, A. (2016). "Luces y sombras del nuevo marco jurídico en materia de acogimiento y adopción de menores: a propósito de la

la reforma del artículo 2 de la Ley Orgánica 1/1996 que, con relación al interés del menor, después de indicar que, estamos ante un concepto jurídico indeterminado -que ha sido objeto de diversas interpretaciones a lo largo de estos años- lo define en su Preámbulo desde un contenido triple: como derecho sustantivo, como principio general y como norma de procedimiento. Respecto de esta triple dimensión, se indica además, en el citado Preámbulo que, el interés del menor tiene una misma finalidad: asegurar el respeto completo y efectivo de tales derechos del menor, así como su desarrollo integral y añade que, a la luz de estas consideraciones, es claro que la determinación del interés superior del menor en cada caso, debe basarse en una serie de criterios aceptados y valores universalmente reconocidos por el legislador que, deberán ser tenidos en cuenta y ponderados en función de diversos elementos y circunstancias del caso. Precisamente, los criterios a tener en cuenta en la interpretación y aplicación en cada caso del interés superior del menor se ponderarán teniendo en cuenta: a) La edad y madurez del menor; b) La necesidad de garantizar su igualdad y no discriminación por su especial vulnerabilidad; c) El irreversible efecto del transcurso del tiempo en su desarrollo; d) La necesidad de estabilidad de las soluciones que se adopten para promover la efectiva integración y desarrollo del menor en la sociedad, así como minimizar los riesgos que cualquier cambio de situación material y emocional pueda ocasionar en su personalidad y desarrollo futuro; e) La preparación del tránsito a la edad adulta e independiente, de acuerdo con sus capacidades y circunstancias personales; f) Aquellos otros

---

Ley Orgánica 8/2015 y la Ley 26/2015, de modificación del sistema de protección a la infancia y adolescencia", *op. cit.*, p. 7; PANIZA FULLANA, A. (2015). "La modificación del sistema de protección a la infancia y a la adolescencia: la Ley Orgánica 8/2015 de 22 de julio y la Ley 26/2015, de 28 de julio", *Revista Aranzadi Civil-Mercantil*, número 8, septiembre, p. 2 (versión digital).

elementos de ponderación que, en el supuesto concreto, sean considerados pertinentes y respeten los derechos de los menores. De concurrir el interés superior del menor con otro interés legítimo, deberán priorizarse aquellas medidas que, respondiendo a este interés, respeten también los otros intereses legítimos presentes. En el caso de no poderse respetar todos los intereses legítimos concurrentes, deberá primar el interés superior del menor sobre cualquier otro interés legítimo que pudiera concurrir[28].

La segunda de las normas mencionadas (26/2015), tiene por objeto introducir los cambios necesarios en la legislación española de protección a la infancia y a la adolescencia que, permiten continuar garantizando a los menores, como se ha señalado, una protección uniforme en todo el territorio de Estado y que constituye una referencia para las Comunidades Autónomas en el desarrollo de su respectiva legislación sobre la materia[29]. Además, y de modo recíproco esta Ley viene a in-

---

28 Vid., la sentencia del Tribunal Supremo, Sala de lo Civil, 17 septiembre 1996 (RJ 1996/6722) principio del interés del menor inspirador de todo el régimen; el Auto del Tribunal Superior de Justicia de Cataluña, Sala de lo Civil y Penal, secc. 1ª, 14 junio 2012 (RJ 2012/8798) interés del menor representa un concepto jurídico indeterminados que se debe precisar en cada caso concreto; y, las sentencias de la Audiencia Provincial de Asturias, secc. 5ª, 16 marzo 2004 (JUR 2004/106754); y de la Audiencia Provincial de Cádiz, secc. 5ª, 2 febrero 2010 (JUR 2010/186025) principio inspirador de todo el régimen de la patria potestad, y, el Auto de la Audiencia Provincial de La Rioja, secc. 1ª, 5 diciembre 2018 (JUR 2019/37872) cualquier medida que se adopte en relación con el menor tiene presente el interés más digno de protección el del menor.

29 El artículo 1 de la Ley Orgánica 1/1996, de 15 de enero establece como objeto de la Ley a los menores de 18 años que se encuentren en territorio español, salvo que en virtud de la ley que les sea aplicable, haya alcanzado anteriormente la mayoría de edad.

corporar algunas novedades que, habían sido establecidos por algunas normas autonómicas anteriores.

No obstante, a pesar de dichos avances normativos, el Comité de Derechos del Niño, con ocasión del examen de la situación de los derechos de la infancia en España en 2018 insistió a nuestro país de la necesidad de aprobación de una ley integral sobre la violencia contra los niños y niñas, de alcance normativo análogo a la aprobada en el marco de la violencia de género.

De ahí, que con objeto de cumplir tal mandato y avanzar en la defensa de los derechos de las personas menores, así como reforzar su protección frente a la violencia, se aprueba la Ley Orgánica 8/2021, de 4 de junio, de protección integral a la infancia y la adolescencia frente a la violencia (LOPIVI) como ley integral y con un alcance multidimensional en cuanto abarca desde la prevención detección precoz hasta la actuación inmediata y eficaz frente a la violencia sobre los menores y adolescentes. Nadie duda que, la violencia sobre personas menores de edad es una realidad execrable y extendida a pluralidad de

---

Por su parte, el artículo 2 a) de la Ley 3/2005, de 18 de febrero de Atención y Protección a la Infancia y la Adolescencia entiende que son personas menores de edad quienes "tienen una edad inferior a la mayoría de edad establecida en el Código Civil, siempre que no hayan sido emancipados o no hayan alcanzado la mayoría de edad en virtud de lo dispuesto en la ley que les sea aplicable. La minoría de edad se entenderá referida a la establecida en el Código Penal para las disposiciones relativas a personas infractoras menores de edad". Asimismo, en la letra b) de este mismo precepto define la infancia como "el periodo de vida comprendido entre el nacimiento y la edad de doce años y por niños y niñas las personas que se encuentran en dicho período de vida". Y, en fin, en la letra c) de nuevo de este mismo precepto entiende por adolescencia "el período de vida comprendido entre la edad de trece años y a mayoría de edad establecida por ley o la emancipación y por adolescentes las personas que se encuentran en dicho período de vida".

frentes (social, familiar, escolar). Asimismo, que los niños, niñas y adolescentes con discapacidad son sujetos especialmente vulnerables y con mayores dificultades para acceder al ejercicio de sus derechos en igualdad de oportunidades. Si bien, también se ha aprobado la Ley 8/2021, de 2 de junio, por la que se reforma la legislación civil y procesal para el apoyo a las personas con discapacidad en el ejercicio de su capacidad jurídica, adecuando con ello nuestro ordenamiento jurídico a la citada Convención Internacional sobre derechos de las personas con discapacidad, hecha en Nueva York el 13 de diciembre de 2006. Se basa esta Ley en el respecto de la dignidad de la persona con discapacidad, en la tutela de sus derechos fundamentales y en el respeto a la libre voluntad de la persona con discapacidad, así como en los principios de necesidad y proporcionalidad de las medidas de apoyo que, en su caso pueda necesitar la persona para el ejercicio de su capacidad jurídica en igualdad de condiciones con los demás. Por lo que, ante situaciones de violencia ofrece soluciones, como veremos, en relación con el derecho de visitas al modificar el artículo 94 del Código Civil.

Ahora bien, asimismo, se aprovecha esta Ley Orgánica para modificar la Ley Orgánica 1/2004, de 28 de diciembre de Medidas de Protección Integral contra la violencia de género, incluyendo dentro del concepto de violencia de género, la violencia vicaria, esto es, la violencia que se ejerce con el objetivo de causar perjuicio o daño a las mujeres que se ejerce sobre sus familiares o allegados menores de edad por parte de las personas a las que se refiere el artículo 1.1 de la Ley Orgánica 1/2004, en concreto, respecto de los hombres que ejercen un poder sobre las mujeres con quienes están o han estado ligados en una relación de afectividad o análoga a ella aun sin convivencia. En todo caso, la violencia de género comprende todo acto de violencia física y psicológica, incluidas las agresiones a la libertad sexual, las amenazas, las coacciones o la privación arbitraria de libertad. Con esta Ley integral contra la violencia de género se pretende prevenir, sancionar y erradicar esta violencia y prestar asistencia a las mujeres, a sus hijos menores y a los menores sujetos a tutela y custodia, víctima de esta violencia.

Por otra parte, operando de nuevo sobre la actuación de los menores de edad no emancipados en el ámbito *on line* y su protección frente a la actuación ilícita de los responsables de páginas de internet, y los responsables de Redes Sociales, destacamos el necesario análisis de la Ley 34/2002, de 22 de julio, de servicios de la Sociedad de la Información y del comercio electrónico que aborda el derecho a la información de los menores con una referencia explícitas al control de contenidos. En otro orden de cosas, debemos citar la Ley 7/2010, de 31 de marzo, General de la Comunicación Audiovisual, en concreto, en el apartado 2 de su artículo 7 se dispone que "está prohibida la emisión en abierto de contenidos audiovisuales que puedan perjudicar seriamente el desarrollo físico, mental o moral de los menores y, en particular, programas que incluyan escenas de pornografía o violencia gratuita. El acceso condicional debe posibilitar el control parental".

Respecto al secreto de las comunicaciones en su calidad de derecho fundamental (artículo 18.3 de la Constitución española), la Ley 9/2014, de 9 de mayo, General de Telecomunicaciones establece que los operadores que exploten redes públicas de comunicación electrónicas o que presten servicio de comunicaciones electrónicas o que presten servicios de comunicaciones electrónicas disponibles al público deberán garantizar el secreto de las comunicaciones de conformidad con los artículos 18.3 y 55.2 de la Constitución Española.

En materia de protección de datos de carácter personal y con el fin de dotar de seguridad a cuestiones tan generalizadas cono son el *cloud computing* o las redes sociales, hay que destacar el Reglamento (UE) 2016/6579, del Parlamento Europeo y del Consejo de 27 de abril de 2016, de Protección de Datos (RGPD). Se refiere al uso de datos de carácter personal de niños con fines de mercadotecnia o elaboración de perfiles (considerando 38). En la misma línea de protección específica se central en el considerando 58 poniendo el acento en la transparencia y en la necesidad de informar a los menores, de una manera accesible y fácil de "cualquier información y comunicación cuyo tratamiento les afecte".

En cuanto al consentimiento como "toda manifestación de voluntad libre, específica, informada e inequívoca por la que el interesado acepta ya sea mediante una declaración o una clara acción afirmativa, el tratamiento de datos personas que le concierne" (artículo 4.11 del RGPD). Por tanto, los elementos de un consentimiento válido son que la manifestación de voluntad que el interesado sea: libre, específica, informada e inequívoca, por la que el interesado acepta ya mediante una declaración o una clara acción afirmativa, el tratamiento de datos personales que le conciernen. El término manifestación de voluntad libre supone elección y control real por parte del interesado de sus datos y que no haya un vicio que lo invalide. Si el interesado no puede elegir libremente, o se siente obligado a dar el consentimiento, o, en fin, sufre consecuencia, negativas, si no lo da, el consentimiento no será válido[30].

El considerando número 43 del Reglamento indica que, "para garantizar que el consentimiento se ha dado libremente, este no debe constituir fundamento jurídico valido para el tratamiento de datos de carácter personal en un caso concreto en el que exista un desequilibrio claro entre el interesado y el responsable, en particular cuando dicho responsable sea una

---

30 Vid., el Dictamen 15/2011 sobre la definición del consentimiento del Grupo de Trabajo del Artículo 29 adoptado el 13 de julio de 2011 (WP 187), p. 12.
Asimismo, vid., la sentencia del Tribunal Supremo, Sala de lo Contencioso-Administrativo, secc. 5ª, 2 noviembre 2016 (RJ 2016/5718); y la sentencia de la Audiencia Nacional, Sala de lo Contencioso Administrativo, secc. 1ª, 29 noviembre 2018 (JUR 2019/27374).

autoridad pública y sea por lo tanto improbable que el consentimiento se haya prestado libremente en todas las circunstancias de dicha situación particular". De forma que, en este caso puede haber otras bases jurídicas que, sean más adecuadas para fundamentar el tratamiento de datos por las autoridades públicas como las previstas en el artículo 6.1 letra c) del citado Reglamento "para el cumplimiento de una obligación legal aplicable al responsable del tratamiento" o letra e) "para el cumplimiento de una misión realizada en interés público o en el ejercicio de poderes públicos conferidos al responsable del tratamiento".

De todas formas, la carga de la prueba respecto al artículo 7.4 recae sobre el responsable del tratamiento, pues, en el apartado 1 de dicho artículo se estipula que, el responsable debe demostrar que el interesado ha dado libremente su consentimiento.

Centrándonos en el consentimiento de menores de edad, el artículo 8 del Reglamento dispone que: *"1. Cuando se aplique el artículo 6, apartado 1, letra a), en relación con la oferta directa a niños de servicios de la sociedad de la información, el tratamiento de los datos personales de un niño se considerará lícito cuando tenga como mínimo 16 años. Si el niño es menor de 16 años, tal tratamiento únicamente se considerará lícito si el consentimiento lo dio o autorizó el titular de la patria potestad o tutela sobre el niño, y solo en la medida en que se dio o autorizó. Los Estados miembros podrán establecer por ley una edad inferior a tales fines, siempre que esta no sea inferior a 13 años. 2. El responsable del tratamiento hará esfuerzos razonables para verificar en tales casos que el consentimiento fue dado o autorizado por el titular de la patria potestad o tutela sobre el niño, teniendo en cuenta la tecnología disponible. 3. El apartado 1 no afectará a las disposiciones generales del Derecho contractual de los Estados miembros, como las normas relativas a la validez, formación o efectos de los contratos en relación con un niño"*[31]. Por su parte, en esta línea, el citado considerando número 38 del Reglamento pone de manifiesto que "los niños merecen una protección específica de sus datos personales, ya que pueden ser menos conscientes de los riesgos, consecuencias, garantías y derechos concernientes al tratamiento de datos personales. Dicha protección específica debe aplicarse en particular, a la utilización de datos personales de niños con fines de mercadotecnia o elaboración de perfiles de personalidad o de usuario, y a la obtención de datos personales relativos a niños cuando se utilicen servicios ofrecidos directamente a un niño. El consentimiento del titular de la patria potestad o tutela no debe ser necesario en el contexto de los servicios preventivos o de asesoramiento ofrecidos directamente a los niños". En todo caso, se posibilita a los Estados miembros establecer por ley una edad por debajo de los dieciséis, si bien nunca inferior a trece años. En la antigua regulación de protección de datos, el artículo 13 del RPD establecía la edad de 14 años, por lo que se cumpliría con el parámetro legal fijado. La misma edad se establece en el artículo 7.1 de la Ley Orgánica 3/2018 de Protección de Datos (LOPDGDD) al disponer que: "El tratamiento de los datos personales de un menor de edad únicamente podrá fundarse en su consentimiento cuando sea mayor de catorce años" y añade el citado precepto que "Se exceptúan los supuestos en que la ley exija la asistencia de los titulares de la patria potestad o tutela para la celebración del acto o negocio jurídico en cuyo contexto se recaba el consentimiento para el tratamiento". La información

---

[31] Se aplica a todos los menores que, se encuentren en la Unión Europea –el artículo 3 apartado 2 del Reglamento antes de la corrección de errores se refería a los interesados que residían en la Unión, ahora que, tras la misma, la redacción definitiva basta que se encuentren en la Unión Europea-. Los menores son interesados (personas físicas) cuyo tratamiento de datos realizado por los responsables o encargados del tratamiento va a ser objeto de protección.

que se facilita al menor ha de ser comprensible y proporcionarse en un lenguaje claro y sencillo con el fin de obtener el consentimiento informado[32]. El artículo 8 se aplica cuando el tratamiento esté relacionado con los servicios de la sociedad de la información –aunque no se excluye su aplicación a otros supuestos-[33] y, son ofrecidos directamente a los niños y, además que el tratamiento se base en su consentimiento[34]. Se opta en la Ley Orgánica 3/2018 de Protección de Datos, al igual que, el Reglamento General de Protección de Datos, por el criterio de la edad –presumiendo que el menor tiene capacidad natu-

---

32 El considerando número 58 del Reglamento establece al respecto que "dado que los niños merecen una protección específica, cualquier información y comunicación cuyo tratamiento les afecte debe facilitarse en un lenguaje claro y sencillo que sea fácil de entender".

33 El artículo 4 apartado 25 del Reglamento define el servicio de la sociedad de la información como "todo servicio conforme a la definición del artículo 1 apartado 1 letra b) de la Directiva (UE) 2015/1535 del Parlamento y del Consejo".
La sentencia del Tribunal de Justicia de la Unión Europea de 2 de diciembre, asunto C-108/09 (KER/Optoka), apartados 22 y 28 ha señalado que servicios de la sociedad de la información incluye los contratos y otros servicios que se celebran o transmiten en línea. Cuando un servicio tenga dos componentes independientes desde el punto de vista económico, siendo una el componente en línea, como la oferta y la aceptación de una oferta en el contexto de la celebración de un contrato o la información relacionada con productos o servicios, incluidas las actividades de mercadotecnia, este componente se definirá como servicio de la sociedad de la información. El otro componente, que sería la prestación física o la distribución de bienes, no estará incluido en la noción de servicios de la sociedad de la información. La prestación de un servicio en línea formaría parte del ámbito de aplicación del término servicio de la sociedad de la información que se contiene en el artículo 8 del Reglamento.

34 El artículo 1 de la Convención sobre los Derechos del Niño de Naciones Unidas de 20 de noviembre de 1989 "(…) se entiende por niño todo ser humano menor de dieciocho años, salvo que, en virtud de la ley que le sea aplicable haya alcanzado antes la mayoría de edad".

ral para ello- y no por el de suficiente madurez contenido en el artículo 162.1 del Código Civil y en el artículo 3.1 de la Ley Orgánica 1/1982, de 5 de mayo de protección civil del derecho al honor, intimidad personal y familiar y a la propia imagen, para determinar la capacidad de los menores para consentir sobre el tratamiento de sus datos. No obstante, no faltan quienes consideran que, atendiendo a una interpretación conjunta de los artículos 8.1 del Reglamento y 7 de la Ley Orgánica y el artículo 162.1 del Código Civil, también los menores de 14 años que, dispongan de suficiente madurez al respecto, podrán consentir[35]. Ciertamente, hay actos que los hijos menores de edad pueden realizar por si solos, bien porque la ley directamente les atribuye la posibilidad de ejercitarlos (derechos de la personalidad –artículo 162 del Código Civil), o bien se fija una determinada edad para llevarlos a cabo, o, en fin, se lo permiten sus condiciones de madurez (actos de la vida corriente –artículo 1263 del Código Civil-). También hay actos de los hijos menores que, solo pueden realizar los padres como sus representantes legales, o pueden ser realizados por aquellos con

---

[35] GARCÍA HERRERA, V. (2018). "El válido consentimiento para el tratamiento de los datos personales de los menores de edad en Internet. Especial referencia al supuesto en que los representantes legales estén divorciados o separados (1)", *LA LEY Derecho de Familia,* número 20, octubre-diciembre, 2018, pp. 6-7; en esta línea, REYES MÉNDEZ, D. (2019). "El acceso del menor a las redes sociales y el problema de su autentificación: la necesidad de una respuesta tecnológica", *Diario La Ley,* número 9335, sección Tribunal, 11 enero, p. 3.
En el Dictamen 2/2009 sobre la protección de los datos personales de los niños del Grupo de Trabajo del Artículo 29 (WP 160), p. 6 se indica al respecto que "gradualmente, los niños pueden llegar a ser capaces de participar en la toma de decisiones que les conciernen. A medida que crecen deben participar con más regularidad en el ejercicio de sus derechos, incluidos los relativos a la protección de datos.

el complemento o asistencia de sus padres[36]. En todo caso, el artículo 3.1 de la Ley Orgánica 1/1982 permite que, los menores puedan consentir la intromisión en sus derechos al honor, intimidad personal y la propia imagen, si sus condiciones de madurez lo permiten conforme a la legislación y el artículo 4.1 de la citada norma al regular las intromisiones ilegítimas en tales derechos mediante la difusión de información o utilización de la imagen de menores en medios de comunicación, se puede considerar como tales las que supongan un menoscabo en su honor o reputación o sean contrarias a sus intereses "incluso si consta el consentimiento del menor o sus representantes legales" (artículo 4.3). Por lo que, sin perjuicio de las acciones de las que sean titulares los representantes legales, corresponde al Ministerio Fiscal su ejercicio que puede actuar de oficio o a instancia del propio menor o de cualquier persona interesada, física o jurídica o entidad pública[37]. En cualquier caso, el menor tiene derecho a ser oído y escuchado tanto en el ámbito familiar como en cualquier procedimiento administrativo, judicial o de mediación en que esté afectado y que conduzca a una decisión que incida en su esfera personal, familiar o social, teniéndose debidamente en cuenta sus opiniones en función de su edad y madurez. La madurez habrá de valorarse por personal especializado, atendiendo tanto a su desarrollo evolutivo como a su capacidad para comprender y evaluar el asunto concreto a tratar en cada caso. Se considera, no obstante que, tiene suficiente madurez cuando tenga doce años cumplidos. El menor puede expresar su opinión verbalmente o a través de formas no verbales de comunicación (artículo 9.1 y 2 de la Ley

---

36 CASTÁN PÉREZ-GÓMEZ J. (2015). "La patria potestad". En: V. M. Garrido De Palma (coord.), *Instituciones de Derecho Privado,* T. IV Familia, vol. 2, 2ª ed., Navarra: Civitas Thomson Reuters, Cizur Menor, p. 143.

37 Vid., la sentencia del Tribunal Supremo, Sala de lo Civil, 25 febrero 2009 (RJ 2009/2788).

Orgánica 1/1996)[38]. Por lo que, sobre tal base legal el menor podrá ser oído a partir de los doce años por las autoridades competentes, incluidas las autoridades de protección de datos, si tiene suficiente madurez. En todo caso, recordemos que, hay una excepción al consentimiento del menor mayor de catorce años para el tratamiento de sus datos, cuando la ley exija la asistencia de los titulares de la patria potestad o la tutela para la celebración de un acto o negocio jurídico, debiendo éstos consentir tal tratamiento (artículo 7.1 apartado segundo de la LOPDGDD).

Ahora bien, cuando se prestan servicios de la sociedad de la información a niños sobre la base del consentimiento, el responsable debe adoptar todas las medidas precisas para verificar que, el usuario tiene la edad exigida para prestar su consentimiento digital y estas medidas deben ser proporcionales a la naturaleza y riesgos de la actividad de tratamiento. Al respecto el artículo 8.2 del Reglamento establece que "el responsable del tratamiento hará los esfuerzos razonables para verificar en tales casos que el consentimiento fue dado o autorizado por el titular de la patria potestad o tutela sobre el niño, teniendo en cuenta la tecnología disponible". En todo caso, la verificación de edad no debe conducir a un tratamiento excesivo de datos y debe conllevar una evaluación del riesgo del tratamiento pro-

---

38 Vid., la sentencia del Tribunal Supremo, Sala de lo Civil, 15 enero 2018 (RJ 2018/28).

puesto[39]. La inteligencia artificial puede servir para verificar la identidad y la edad de una persona[40].

El consentimiento para utilización de sus datos personales de menores de 14 años se otorgará sus padre o tutores (artículo 7.1 de la LOPDGDD).

En la línea de protección de los menores en el entorno digital, la Carta de los derechos Digitales del Ministerio de Asuntos Económicos y Transformación digital de 2021 hace alusión también a la necesaria protección de los menores en el entorno digital, entre otros.

Por otra parte, hay que destacar para proteger a la infancia y la adolescencia en el mundo digital, las medidas de consenso para un Pacto de Estado ante la nueva legislativa; y que el pasado 4 de junio de 2024 el Gobierno aprobó el Anteproyecto de Ley Orgánica para la protección de menores de edad en en-

---

39 Vid., las Directrices sobre consentimiento, p. 29. Por su parte, el Dictamen 5/2009 sobre las redes sociales en línea, adoptada el 12 de junio de 2009 (WP 163), p. 12 señala al respecto que: "Las autoridades encargadas de la protección de datos han emprendido iniciativas interesantes en todo el mundo, centradas principalmente en la sensibilización en materia de servicio de red social (SRS) y los posibles riesgos. El Grupo de Trabajo fomenta investigaciones complementarias sobre la manera de solucionar las dificultades que rodean la comprobación de la edad requerida y la prueba del consentimiento informado, con el fin de afrontar lo mejor posible estos retos".

40 MARTOS DÍAZ, N. (2019). "Principios (artículos 6-11 del RGPD. Artículos 4-10 de la LOPDGDD)". En: J. López Calvo (coord.), *La adaptación al nuevo marco de protección de datos tras el RGPD y la LOPDGDD*, Barcelona: Bosch, p. 340 precisa al respecto que "a día de hoy, hay escasos mecanismos tecnológicos que pueden verificar la identidad jurídica de una persona y los que hay no están accesibles para cualquier ciudadano que utilice los servicios de la sociedad de la información".

tornos digitales. Esta norma tiene por objetivo alcanzar los derechos de los menores en el ámbito digital, lo que comprende la protección de sus datos personales y el acceso a contenidos adecuados para su edad.

También, procede destacar que, atendiendo a lo dispuesto en el Título III, artículo 21 de la LOPIVI relativo a la obligación por parte de la Administración General del Estado de disponer u una Estrategia de erradicación de la violencia sobre la infancia y la adolescencia de 222 tiene como propósito garantiza el cumplimiento y el ejercicio de los derechos humanos de los niños y niñas a una vida libre de violencia que le permita el desarrollar todo su potencial y tener una infancia feliz.

Por su parte, en 2019 la Agencia Española de Protección de Datos ha constituido un Grupo de Trabajo sobre "menores, salud digital y privacidad" con el objetico de estudiar y proponer iniciativas y medidas para proteger a los y las menores en el ámbito digital, en el que los servicios que se prestan y los contenidos que se afecten a través de redes sociales y servicios equivalentes requieren un tratamiento de datos personales para su privatividad. El Grupo de trabajo está comprometido con la protección y salvaguarda del interés superior del menor y trata todos aquellos asuntos que afectan a su protección y seguridad en el mundo *on line.*

La Agencia ha elaborado un Decálogo con los principios y requisitos que han de observar los sistemas de verificación de la edad para ser eficaces y respetuosos con la privacidad de quienes acceden a esos contenidos en un mundo globalizado.

Sobre tales bases, nos parece oportuno referirnos al entorno digital en la infancia y la adolescencia y el papel de las redes sociales. FERNÁNDEZ ACEVEDO define las redes sociales *on line* como "estructuras sociales compuestas por un grupo de personas que comparten un interés común, relación o actividad a través de internet o de un canal de comunicación digital y en donde tienen lugar ciertas conexiones virtuales entre las personas que conforman dicho grupo, las cuales pueden ser recopiladas mediante una serie de informaciones que muestren las preferencias de consumo de información ya sea a través de una comunicación en tiempo real o ya sea a través de una comunicación diferida en el tiempo"[41]. Según el Dictamen 5/2009 sobre las redes sociales en línea, elaborados, adoptado el 12 de junio de 2009 (WP 163) por el Grupo de Trabajo del Artículo 29 los servicios de redes sociales (SRS) pueden conceptuarse como "plataformas de comunicación en línea que permiten a los individuos crear redes de usuarios que comparten intereses comunes". Asimismo, en este Dictamen el GT29 califica los servicios de redes sociales como servicios de la sociedad de la información que comparten determinadas características: "1. Los usuarios deben proporcionar datos personales para generar su descripción o "perfil"; 2. Los SRS proporcionan también herramientas que permiten a los usuarios poner su propio contenido en línea (contenido generado por el usuario como fotografías, crónicas o comentarios, música, vídeo o enlaces hacia otros sitios); 3. Las redes sociales funcionan gracias a la utilización de herramientas que proporcionar una lista de contactos para cada usuario, con las que los

---

41 FERNÁNDEZ ACEVEDO, J. (2019). "Redes sociales y aplicaciones móviles". En: J. López Calvo (coord.), *La adaptación al nuevo marco de protección de datos tras el RGPD y la LOPDGDD*, Barcelona: Bosch, pp. 910-911. Para GRIMALT SERVERA, P. (2017). *La responsabilidad civil por los daños causados a la dignidad humana por los menores en el uso de las redes sociales*, Granada: Comares, pp. 47-48 "no se puede generalizar la consideración de medio de comunicación a los efectos del artículo 4.3 de la LOPJM a toda red social", pero si entiende que aquellas que "tienen vocación de ser públicas y sin fronteras" como por ejemplo Facebook o Twitter pueden ser equiparados, pues, pueden tener el mismo eco que pueda tener un medio de comunicación tradicional, mientras que los que tienen vocación de redes restringidas como whatsapp no responden a criterios de medio de comunicación del artículo 4.3 de la LOPJM, por lo que no les resultará de aplicación".

usuarios pueden interactuar"[42]. Los proveedores de redes so-

---

42 Vid., el Dictamen 5/2009 sobre las redes sociales en línea, p. 5.
En todo caso, como servicios de la sociedad de la información les resulta aplicable el artículo 16.1 de la Ley 34/2002 de 11 de junio de Servicios de la Sociedad de la Información y del Comercio Electrónico que, entiende que son responsables de la información almacenada siempre que, tengan conocimiento efectivo que, la información almacena es ilícita. De ahí que, se considere que el prestador de servicios tiene el conocimiento efectivo "cuando el órgano competente haya declarado la ilicitud de los datos, ordenando su retirada o que se imposibilite el acceso a los mismos o se hubiera declarado la existencia de la lesión y el prestador conociera la correspondiente resolución sin perjuicio de los procedimientos de detección y retirada de contenidos que los prestadores apliquen en virtud de acuerdos voluntarios y de otros medios de conocimiento efectivo que pudieran establecerse". Si bien, al respecto, la sentencia del Tribunal Supremo, Sala de lo Civil, 9 diciembre 2009 (RJ 2010/131) pone de manifiesto que, conocimiento efectivo no solo tiene lugar cuando el órgano competente haya declarado previamente la ilicitud de los datos almacenados o la lesión de los derechos de los actores y ordenado la retirada de los contenidos, no cabe prescindir que conocimiento efectivo también tiene lugar cuando el mismo se obtiene por el prestador del servicio a partir de hechos o circunstancias aptos para posibilitar, aunque mediatamente o por inferencias lógicas el alcance de cualquiera, una afectiva aprehensión de la realidad que se trate. Por lo que, estima que, el propio nombre de la página en la que se incluían los contenidos ya suponía un elemento fáctico de su posible ilicitud y la necesaria actuación del prestador del servicio. Por su parte, la sentencia de la Audiencia Provincial de Lugo, secc. 1ª, 9 julio 2009 (JUR 2009/328919) no hay acreditación de connivencia entre los internautas y los administradores de la página. Asimismo, hay una falta de acreditación que los creadores del foro tuvieran un conocimiento efectivo que, la información fuese ilícita. Retirada inmediata de los comentarios tras la comunicación efectuada por la Guardia Civil.
De todas formas, para MESSÍA DE LA CERDA BALLESTEROS, J.A. (2017). "La protección del honor de los menores en las redes sociales", *LA LEY Derecho de Familia. Monográfico Menores y Redes Sociales,* número

ciales como responsables del tratamiento de datos, en cuanto proporcionan los medios que permiten tratar los datos de los usuarios, deben informar de forma clara y accesible a los usuarios –información por capas-[43], especialmente en el caso que se aporten datos sensibles o se refiera al tratamiento de datos de menores de edad, además de contar con el consentimiento del menor o sus representantes legales –consentimiento granular-(artículo 92.2 de la Ley Orgánica 3/2018 de Protección de Datos). Asimismo, han de facilitar el ejercicio de los derechos de acceso, rectificación –artículo 85 de la Ley Orgánica 3/2018-; supresión o derecho al olvido –artículo 94 de la Ley Orgánica 3/2018-; portabilidad -artículo 95 de la Ley Orgánica 3/2018-; limitación del tratamiento –artículo 16 de la Ley Orgánica 3/2018-; y oposición a los usuarios de redes sociales. Todo ello sin perjuicio de las nuevas obligaciones de las redes sociales en cuanto prestadores de servicios de la sociedad de la información con respecto a los datos de personas fallecidas y, el acceso a sus datos o en su caso, a su rectificación o supresión que, en caso de fallecimiento de menores de edad, corresponde a los representantes legales, o el Ministerio Fiscal en el marco de sus

---

14, abril-junio, p. 4 "es obvio que, en estos casos resulta necesario encontrar una posición de equilibrio en la posición del titular de la red social que, se debate entre sus posibilidades de control y la elevada exigencia que ello puede suponer".

43 El Grupo de Trabajo del Artículo 29 recomienda con respecto a la información que deben proporcional los servicios de redes sociales que: "1. Los proveedores de SRS adviertan adecuadamente a los usuarios sobre los riesgos de ataque a su intimidad y a la de otros cuando ponen información en línea en los SRS; 2. Los SRS recuerden a sus usuarios que poner en línea información relativa a otras personas puede perjudicar su derecho a la intimidad y a la protección de datos; y, 3. Los SRS aconsejen a sus usuarios que no pongan en línea fotografías o información relativa a otras personas son el consentimiento de éstas". Vid., el Dictamen 5/2009 sobre las redes sociales en línea, p. 8.

competencia, bien de oficio o a instancia de cualquier persona física o jurídica interesada que, podrán dirigirse al responsable o encargado del tratamiento para solicitar tal acceso, o en su caso, la rectificación o supresión de los datos de sus hijos menores (artículos 3.3 y 96.1 c) de la Ley Orgánica 3/2018).

Por su parte, las aplicaciones móviles (APPS) sirven entre otros fines, para la navegación en internet, para el entretenimiento –juegos, películas, música-, para las redes sociales, whatsApp y, en fin, para servicios basados en la localización entre otros. El Dictamen 02/2013 sobre las aplicaciones de los dispositivos inteligentes adoptado el 27 de febrero de 2013 (WP 202) define las aplicaciones como "programas informáticos generalmente concebidos para un cometido concreto y dirigido a un determinado conjunto de dispositivos inteligentes como teléfonos inteligentes, tabletas o televisiones conectados a internet". Las aplicaciones organizan la información de acuerdo con las características específicas del dispositivo y suelen interactuar con el soporte físico y las características del sistema operativo del mismo, además de posibilitar que, los dispositivos inteligentes puedan conectarse mediante interfaces de red wi-fi, bluetooth[44].

En este contexto digital, hemos identificado formas de violencia a la que los niños y adolescentes pueden exponerse, utilizando internet en su vida diaria y que afectan a su desarrollo (pueden ser sujetos activos o sujetos pasivos (víctimas): sexting sin consentimiento, violencia *on line* en la pareja o ex pareja; sextorsión; ciberacoso o cyberbullying; happy slapping; online grooming o cibermabaucamiento; exposición involuntaria a materia sexual y/o violenta; incitación a conductas dañinas; sharenting" o "oversharing". Este último hay que relacionarlo con el derecho a la propia imagen del menor en su dimensión

---

[44] Vid., el Dictamen 02/2013 sobre las aplicaciones de los dispositivos inteligentes, p. 5.

constitucional se configura como un derecho de la personalidad que atribuye a su titular la facultad de disponer de la representación en su aspecto físico que permita su identificación (artículo 18.1 de la CE), y que la representación fotográfica de un menor constituye un dato de carácter personal. Existe una tendencia actual, socialmente aceptada por algunos padres, de publicar constantemente imágenes de sus hijos menores en diferentes situaciones en redes sociales (Facebook, Instagram); ello no es más que una continua exposición de los menores en actividades cotidianas, en encuentros familiares o en momentos especiales conformando lo que será su futura "identidad o huella digital", y aunque, en principio, las personas que acceden a tales imágenes, en la mayoría de las ocasiones, son familiares o amigos[45], ello no impide que, toda la información que se publique, esté completamente controlada y en consecuencia, se esté proporcionando una innecesaria información

---

45 TINTORÉ GARRIGA, Mª.P. (2017). "Sharenting y la responsabilidad parental", *LA LEY Derecho de Familia. Monográfico Menores y Redes Sociales,* número 14, abril-junio, p. 2 se refiere, precisamente, a los "Padres Shareng" y señala que "actualmente, varios estudios concluyen que un porcentaje muy elevado de padres sube imágenes de sus hijos a redes sociales diariamente, siendo muy reducido el de aquellos que nunca han colgado ninguna fotografía de sus hijos". Los estudios, añade la autora también advierten que "el 80% de los bebés tiene presencia en internet al cumplir los seis meses de edad y el 25% incluso antes de haber nacido. Las motivaciones de los padres son muy diversas: tener informados a amigos y familiares sobre las actividades de sus hijos un 56%; mostrar el afecto hacia sus hijos un 49%; algunos consideran que es un buen lugar para guardar los recuerdos con un 34%; y otros s simplemente por rivalidad con las actividades de los hijos de otros padres, el 25%". Y, respecto a las plataformas más utilizadas y en las cuales se pueden encontrar más fotografías de menores señala la autora son: "Facebook con un 77% de información subida a la red; le sigue Instagram con un 48%; y el resto de plataformas y servicios de mensajería instantánea como Flicker, Twitter, WhatsApp cubren el otro porcentaje".

a terceros que puede ser aprovechada, precisamente, para la práctica de conductas delictivas, poniendo en peligro con ello la propia integridad física o psíquica del menor o, que, en sí mismos tales comportamiento parentales pueden llegar a constituir una vulneración de la intimidad y propia imagen del hijo o de su privacidad.

La cuestión se complica más cuando los padres están separados o divorciados, pues, se requiere el consentimiento de ambos -en cuanto cotitulares de la patria potestad- para que, cualquiera de ellos pueda subir una fotografía de sus hijos menores a Internet[46]. De todas formas, esta información que per-

---

46 Vid., la sentencia de la Audiencia Provincial de Pontevedra, secc. 1ª, 4 junio 2015 (JUR 2015/163149) dispone al respecto que "aun encontrándonos ante un caso de padres separados en que la guarda y custodia del hijo menor ha sido atribuida a la madre, en la sentencia de divorcio se ha acordado que, ambos progenitores conserven la patria potestad. Con lo cual, de pretender el Sr. Adrián la publicación de fotos de su hijo menor en las redes sociales habrá de recabar previamente el consentimiento de la progenitora recurrente y de oponerse ésta, podrá acudir a la vía judicial en orden a su autorización"; y la sentencia de la Audiencia Provincial de Madrid, secc. 12ª, 6 julio 2017 (AC 2017/1201) acción de protección del derecho a la propia imagen de su hija menor frente a la conducta del padre y de la abuela paterna consistente en la obtención de determinadas fotografías del menor y su inclusión en los respectivos perfiles de Facebook de los demandados. En dichas fotografías se hace únicamente alarde de cariño y orgullo, en el caso de la abuela por su nieto. Todo ello sin perjuicio que cuando conoció la oposición de la madre, se retiraron las fotografías, por lo que se entiende que no hay intromisión en la intimidad del menor. Por su parte, la sentencia de la Audiencia Provincial de Barcelona, secc. 18ª, 22 abril 2015 (JUR 2015/164632) matiza que, cuando la publicación de las fotos de los menores en redes sociales se destina, únicamente, a parientes y amigos más cercanos, no se atenta con ello al derecho de imagen del menor. Si bien, recuerda de nuevo que, ambas partes son cotitulares de la potestad parental sobre su hijo y ambos deben velar por la protección integral de su hijo, restringiendo

manece en internet a lo largo del tiempo, el artículo 94.3 de la Ley Orgánica 3/2018 de Protección de Datos –de cuyo análisis nos ocuparemos en otro apartado de este estudio- posibilita el ejercicio del derecho al olvido en servicios de redes sociales y servicios equivalentes por el afectado respecto de los datos que hubieran sido facilitados al servicio por él o por terceros –por ejemplo, sus progenitores-, precisamente, durante su minoría de edad, debiendo el prestador proceder sin dilación a su supresión por su simple solicitud, sin necesidad de que concurran las circunstancias mencionadas en el apartado 2 del citado precepto.

A todo ello, procede, asimismo señalar que, esa continúa sobreexposición de los menores en redes sociales es fruto también de su propia actuación en internet, ellos mismos son los que proporcionan información, difunden sus imágenes, videos con el peligro que entraña esta sobreexposición y el compartir contenidos con los constantes reenvíos que realizan unos a otros que, pueden derivar en situaciones de acoso u en otras formas delictivas, a lo que, precisamente contribuye el fácil acceso a dispositivos como smartphone, tablets, ordenadores y ahora los smartwatch sobre todo por el uso de estos últimos

---

la privacidad de las imágenes únicamente a sus familiares y amistades más cercanas. También en esta línea, la sentencia de la Audiencia Provincial de Lugo, secc. 1ª, 15 febrero 2017 (JUR 2017/82242), pues, ante la falta de prueba que, el acceso a la cuenta fuese pública y el no constar más que la posibilidad de acceso a fotografías realizadas por la abuela a su círculo más íntimo de familiares y amigos entre los que se encontraba la madre y los padres de los niños, no se puede entender que se haya podido vulnerar la intimidad y la propia imagen de los menores por adecuarse el comportamiento de la abuela a los usos sociales más extendidos de publicación de noticias y fotografías de ámbito familiar ente los más allegados.

dispositivos a edades tempranas[47]. De ahí, la importancia del

---

[47] Los menores sin tener en cuenta los riesgos que de ello se derivan, han generalizado una práctica de enviarse videos o imágenes con cierto contenido erótico, sexual, lo que puede dar lugar a la sextorsión, esto es, extorsionar a la víctima con la amenaza de difundir o divulgar las imágenes de forma generalizada sin no se cede a determinadas pretensiones económicas. El sexting está regulado en el artículo 197.7 del Código Penal consiste en el envío de contenidos de tipo sexual (fotografías y/o videos) producidos generalmente por el propio remitente a otras personas por medio de teléfonos móviles; o, en fin, el ciberbullying o el ciberacoso entre escolares. La sentencia de la Audiencia Provincial de Granada, secc. 1ª, 5 junio 2014 (JUR 2014/258699) señala que, el sexting "supone el envío de imágenes estáticas (fotografías) o dinámicas (vídeos) de contenido sexual de mayor o menor carga erótica entre personas que voluntariamente consiente en ello y que forma parte de su actividad sexual que se desarrolla de manera libre (*Fundamento de Derecho Primero*).
GUARDIOLA, M. (2017), "Menores y nuevas tecnologías: los nuevos retos en el sector legal en España", *op. cit.,* p. 3 se refiere a un nuevo caso de ciberacoso el llamado "happy slapping" en el que "dos o más acosadores atacan a un menor y en el que además de la agresión física, hay una agresión moral devastadora puesto que esa agresión es grabada y difundida en las redes y a través de Internet". Por su parte, POLVOROSA ROMERO, S. (2017), "El acoso escolar llevado a internet: los smartphones y los smarwatch", *op. cit.,* p. 6 señala que, los últimos estudios sitúan la edad en la que empieza a darse el sexting en niñas de 7 y 8 años; y, como características del ciberbullying señala las siguientes: "1. La víctima sufre un deterioro de la autoestima y dignidad personal dañando su estatus social, provocándole victimización psicológica, estrés emocional y rechazo social; 2. La situación de acoso se dilata en el tiempo: excluyendo las acciones puntuales; 3. El comportamiento por parte del acosador es intencional, no accidental; 4. El medio utilizado para llevar a cabo el acoso es tecnológico: internet y cualquier medio asociados a esta forma de comunicación: telefonía móvil, redes sociales; 5. Puede evidenciarse cierta jerarquía de poder; 6. Es frecuente los episodios de ciberacoso puedan estar ligados a situaciones de acoso en la vida real y de acoso escolar; 7. El alcance 24x7 que hace referencia a que

control parental y los dispositivos existentes para ello en la correspondiente proporcionalidad[48].

En todo caso, cualquier actuación y decisión habrá de tener en cuenta fundamentalmente el interés superior del menor que, ha de primar sobre cualquier otro interés que puede concurrir, las limitaciones a la capacidad de obrar de los menores se interpretarán restrictivamente y se ha de preservar su identidad, cultura, religión, convicciones, orientación e identidad sexual o idioma del menor, así como la no discriminación del mismo por éstas o cualesquiera otras condiciones, incluida la discapacidad, garantizando el desarrollo armónico de su personalidad.

Asimismo, como establece el artículo 84.1 de la Ley Orgánica 3/2018 de Protección de Datos: "Los padres, madres, tutores, curadores o representantes legales procurarán que los menores de edad hagan un uso equilibrado y responsable de los dispositivos digitales y de los servicios de la sociedad de la información a fin de garantizar el adecuado desarrollo de su personalidad y preservar su dignidad y sus derechos fundamentales" y añade en su apartado segundo que "La utilización y difusión de imágenes o información personal de menores en las redes sociales y servicios de la sociedad de la información equivalentes que puedan implicar una intromisión ilegítima en sus derechos fundamentales determinará la intervención del Ministerio Fiscal, que instará las medidas cautelares y de protección previstas en la Ley Orgánica 1/1996, de 15 de

---

la potencial agresión se puede producir 24 horas al día, los 7 días de la semana; y 8. El anonimato o engaño acerca de la autoría desde el que se puede producir la agresión" (p. 7).

48 GUARDIOLA, M. (2017), "Menores y nuevas tecnologías: los nuevos retos en el sector legal en España", *op. cit.*, p. 4 se refiere a diversas herramientas de control parental como: Quostodio, Talk Kids, kiddle, Yahoo Kids, Kids place, y Teen Safe entre otras.

enero, de Protección Jurídica del Menor"; y, el artículo 92 párrafo primero de este misma Ley Orgánica 3/2018 amplía tal responsabilidad a los centros docentes al disponer que: "Los centros educativos y cualesquiera personas físicas o jurídicas que desarrollen actividades en las que participen menores de edad garantizarán la protección del interés superior del menor y sus derechos fundamentales, especialmente el derecho a la protección de datos personales, en la publicación o difusión de sus datos personales a través de servicios de la sociedad de la información"; y, además, del deber de las Administraciones educativas de contribuir a un uso responsable de las tecnologías mediante el diseño de un bloque de asignaturas de libre configuración que incluyan la competencia digital, así como elementos relacionados con situaciones de riesgo derivadas de la inadecuada utilización de las TIC, con especial atención a las situaciones de violencia en la red (artículo 83.1 apartado segundo de la Ley Orgánica 3/2018). Ciertamente, la educación y la responsabilidad son instrumentos esenciales para la protección de datos de los menores y han de orientar la actuación de los padres y las políticas educativas que se acometan y se impartan en los centros docentes.

Ahora bien, el entorno digital está íntimamente vinculado a la sociedad de la información y a la sociedad del conocimiento, parta la transmisión no solo de información sino también de los valores propios del conocimiento. De ahí, la aprobación del Reglamento de Inteligencia Artificial (Reglamento (UE) 2024/1689, del Parlamento Europeo y del Consejo de 11 de junio de 2024 (RIA), que ha entrado en vigor el 1 de agosto de 2024 y, será de aplicación a los dos años, esto es, el 1 de agosto de 2026 además de contemplarse la prohibición de sistemas de inteligencia artificial que constituyan una amenaza para los derechos fundamentales. Se alude a los sistemas de IA de alto riesgo con la exigencia de una sería de obligaciones a los sujetos activos que usan la IA, también se hace referencia a los sistemas de IA de bajo riesgo o de riesgo limitados que exige a los operadores de IA obligaciones de transparencia y de información y, asimismo, se refiere a los modelos fundacionales de IA y a la IA generativa como chaptgpt.

La inteligencia artificial es una tecnología que ha experimentado y un avance espectacular en poco tiempo, gracias a la combinación de factores como el *big data,* el *blockchain,* la nube, el internet de las cosas, la robótica y la realidad virtual.

En cuanto a los beneficios de su uso por los menores podemos destacar: una educación personalidad, acceso a recursos de calidad y desarrollo de habilidades tecnológicas. Los riegos: privacidad y seguridad en el uso de aplicaciones y dispositivos basados en IA; dependencia y uso excesivo de la tecnología; contenidos inapropiados y desinformación; sesgos; generar discriminación y afectar a derechos fundamentales.

Desde un punto de vista legal, este Reglamento ejemplifica la primera normativa mundial sobre IA. El enfoque de dichos Reglamento está basado en los riesgos de desarrollo y la utilización de sistemas de IA, a fin de garantizar la seguridad en materia de derechos humanos. En esencia, este Reglamento se vertebra a través de 4 ejes: 1. Establecer una normativa que regule los sistemas de IA de uso general que pueden suponer un riesgo importante. Elaborando un mecanismo de rendición de cuentas; 2. Desarrollar una gobernanza a este respecto en el marco de la UE; 3. Elaborar una lista de prohibiciones, admitiendo la posibilidad de ciertas excepciones (como el uso policial de identificación biométrica remota en espacios públicos); 4. Implementar un sistema de control garantista que permita a los desarrolladores evaluar sus productos antes de implementarlos. Sobre la base de los riesgos, establece 4 niveles: 1. Riesgo inaceptable: cuando atente contra los derechos humanos fundamentales, manipulando y discriminado a los ciudadanos (puntuación social, el reconocimiento de emociones, y la manipulación cognitiva). Estas aplicaciones no se podrán utilizar, salvo excepciones limitadas para la seguridad nacional, en tareas policiales o de defensa; 2. Riesgo alto: aunque pueden utilizarse en diferentes ámbitos (con ciertas limitaciones específicas). Los sistemas de IA calificados en este grupo deben estar sometidos a un estricto control durante toda la cadena del proceso. Desde su desarrollo hasta su utilización, teniendo en cuenta la seguridad para la integridad de las personas (por ejemplo, la conducción autónoma), 3. Riesgo limitado; y 4. Riesgo mínimo: en estos dos últimos niveles aparecen los sistemas de uso general que; si bien no entrañan grandes amenazas, deben estar sometidos a cierto control de transparencia. Serían, por ejemplo, el uso de chatbots o sistemas de IA aplicados a videojuegos u otros usos informáticos como los filtros *spam.*

A su vez, el anexo III del RIA clasifica los sistemas de A de alto riesgos en diferentes categorías; una de las cuales hace mención a la "educación y formación profesional".

El chartgpt funciona como un chatbot, lo cual significa que es un sistema conversacional capaz de entender y producir contenido textual gracias a que opera como un transformador generativo preentrenado. Se trata de un modelo de lenguaje de gran tamaño (o LLM, de *Large language Model*) basado en la inteligencia artificial generativa (IAG) que fue desarrollado por la empresa Open AI y se lanzó al mercado en noviembre de 2022 y que es utilizado por millones de personas. De todas formas, frente al optimismo de sus enormes posibilidades, no deberíamos olvidarse las amenazas que también comporta una tecnología tan disruptiva como la IAG. Habrá que tener presente tal amenaza sobre todo por el uso habitual de esta herramienta por menores de edad. Al respecto, hay que tener presente el boom de las *Deep fakes* o fotos falsas generadas con IA (utilización de imágenes de menores manipuladas con los algoritmos de IA que, las hacen parecer reales). Estas falsas fotografías se están utilizando ya para fines delictivos como parar difundir información engañosa o imágenes pornográficas no consensuadas de menores (para mostrarlas desnudas o semidesnudas, siendo los menores los sujetos activos de esta conducta delictiva y utilizando como vía su difusión por WhatsApp -caso de los menores de Almendralejo-).

Todas estas materias son las líneas básicas sobre las que se sustenta la presente Ponencia.

Capítulo 10

Género y derechos de las niñas, las adolescentes y de las mujeres. Avanzar para el logro de la igualdad sustantiva[49]

DRA. ALICE BINAZZI[50]
Plan RTR de España, *NextGenerationEU*
UPO, UAB, UNIPR

---

49 Este trabajo se adscribe al Proyecto de investigación internacional *GENDERIN* (*Género, Derechos e Interseccionalidad*, 2022-2024), financiado por la Unión Europea, *NextGenerationEU*, por el *Plan de Recuperación, Transformación y Resiliencia* de España, y por el Ministerio de Universidades, en el marco de las Ayudas M. Salas, para la *Recualificación del sistema universitario español* 2021-2023, convocadas por la Universidad Pablo de Olavide (UPO), Sevilla. Este Proyecto se ha desarrollado en colaboración con la Universidad Autónoma de Barcelona (UAB) y la Università degli Studi di Parma (UNIPR), Italia.

50 **Doctora en Ciencias Sociales con mención internacional, línea de investigación Género e Igualdad, por la Universidad Pablo de Olavide (UPO), Sevilla, España. Antropóloga, investigadora en proyectos internacionales y especialista en temas de género, derechos humanos de la infancia y la adolescencia, con enfoque en los derechos de las niñas y de las mujeres. Integrante del Grupo ATLAS, *Intersecciones Críticas en Educación*, Universidad Autónoma de Barcelona (UAB). Experta Externa de la Comisión UE en área de género e igualdad, prevención y protección de la violencia contra mujeres y niñas, niños y adolescentes. Correo electrónico: alicebinazzidaniel@yahoo.com ; Alice.Binazzi@uab.cat . ORCID https://orcid.org/0000-0002-5949-3765 .

INTRODUCCIÓN

Es primordial destacar que el camino para el reconocimiento de los derechos humanos de la infancia ha sido muy largo, hasta la adopción de su piedra angular, la Convención de Naciones Unidas de los Derechos del Niño/a (UNCRC/CDN,1989).

Los Estados Parte de la CDN han reconocido los derechos humanos de la infancia, fundamentados en los cuatro principios rectores de *no-discriminación (Art.2), interés superior del niño/a(Art.3), derecho a la supervivencia y al desarrollo integral (Art.6)* y *derecho a la participación y a expresar sus propias opiniones (Art.12).*

Éstos y otros estándares jurídicos internacionales, concretamente, *sientan las bases* para también afirmar la peculiaridad de los derechos humanos de las niñas y las adolescentes y, consecuentemente, permitir de avanzar hacia el logro de la igualdad de género. La importancia de dichos estándares reside en ofrecer un claro anclaje teórico, compartido por la comunidad internacional y por las buenas gobernanzas locales. Por otro lado, ellos ofrecen un marco legal, que vincula los Estados Parte a la implementación de sus compromisos, asumidos a nivel internacional, por medio de la ratificación de la Convención y de otros instrumentos, pues, actuando de manera conforme. Los Estados Parte de la CDN tienen que colaborar al proceso de monitoreo, evaluación y recomendaciones periódicas, desarrollado por parte de los organismos internacionales de competencia–en particular, por parte del Comité de N. U. sobre los Derechos de la Infancia–con respecto a la capacidad de implementar dichos principios y estándares, a nivel nacional y local. En otras palabras, los Estados Parte se comprometen a actuar concretamente para la igualdad y los derechos humanos.

Pese a los compromisos asumidos a nivel institucional, se evidencia, sin embargo, un desfase importante, en la implementación regional, nacional y local, con respecto al logro de la igualdad de género y a la prevención de la violencia contra las niñas y las adolescentes, que todavía siguen escasamente realizadas[51]. De hecho, se observa un desfase relevante, entre la *igualdad formal* y la *sustantiva*, con respecto al pleno goce por parte de las niñas y las adolescentes, de sus derechos, concretamente, en el día a día.

1.1. Género y derechos de las niñas, las adolescentes, y de las mujeres

Desde los estudios globales[52], resulta que las niñas y las adolescentes son el blanco de una creciente violencia, en distintos contextos del mundo, y sus derechos fundamentales descuidados y/o violados, a raíz de su diversidad de género, edad y por la falta de poder.

Otras diversidades pueden sumarse, tales como: el origen; la etnia; estatus o condición, como por ser migrantes; discapacidad; religión u otras. De acuerdo con el análisis interseccional, las diversidades que pueden sumarse a la de género, pueden incrementar la vulnerabilidad de la niña, adolescente o mujer[53].

La violencia física, mental y/o sexual–que afecta a las niñas y las adolescentes–se produce, a menudo, en los mismos entornos que tendrían que protegerlas, en primer lugar, en la familia, donde puede entrelazarse con otras formas de violencia (violencia de género contra las madres, violencia intrafamiliar contra hijas/os u otros miembros de la familia). La violencia

---

51 Binazzi (2022).

52 Pinheiro y Naciones Unidas (2006); Council of Europe (2016); EU Commission. (2024).

53 Binazzi, cit. (1); (2019).

contra niñas, niños y adolescentes puede producirse en la escuela, en la comunidad y en las instituciones, también.

La discriminación de género afecta las niñas y las adolescentes, particularmente, en su derecho a:

- Protección de la violencia de género;
- Justicia e igualdad de oportunidades;
- Toma de decisiones importantes para sus futuros y sus cuerpos;
- Educación;
- Participación activa y equitativa.

Cabe resaltar que cuando la diversidad atañe al género, la discriminación que puede afectar a las niñas y las adolescentes–por diversidad de edad y falta de poder–puede convertirlas en víctimas de acoso y explotación sexual. Sin querer limitar, paternalistamente, la visión de estas niñas, estigmatizándolas en su rol de víctimas, todo en lo contrario, con el fin de evidenciar el potencial y los talentos únicos de cada niña–al igual que, de cada niño y adolescente–ha vuelto patente, sin embargo, que el empoderamiento de las niñas y su acceso a los servicios básicos siguen siendo obstaculizados, a raíz del género.

Igualmente, su participación aún resulta limitada, en distintos ámbitos, dando lugar, en los contextos más desventajados, a su invisibilidad en el espacio público. Con respecto a ello, es primordial evidenciar que la falta de, o la escasa participación de las niñas y las adolescentes puede reflejarse, sucesivamente, en marginación social, discriminación de género, y escasa participación de la mujer adulta en la vida social, cultural y política[54]. Para contrastar este fenómeno y para la prevención

---

[54] Binazzi (2023).

de la violencia, la tutela de los Derechos de la Niña se enfoca, particularmente, en su empoderamiento y participación.

Consecuentemente, resulta crucial que las niñas ejerzan su derecho a: *desarrollarse; decidir; estudiar; participar*[55].

Las causas a la raíz de este fenómeno, se hallan en los significados culturales locales y en prácticas (también, tradicionales) que refuerzan actitudes paternalistas y estructuras patriarcales. Es menester, aquí, enlazarse al rol determinante desenvuelto por los estereotipos en la sociedad, ya que éstos son muy poderosos, porque, no solamente, nos hacen pensar de cierta forma, sino porque, también, orientan a nuestra manera de actuar. Además, ellos facilitan los fenómenos de violaciones de los derechos fundamentales de las niñas y las adolescentes, y de las mujeres.

Cabe destacar que los esquemas de género, al igual que los otros, son esquemas cognitivos, que responden a la función adaptiva de facilitarnos información y adaptación al entorno social, para que podamos afrontarlo[56]. Cuando los esquemas cognitivos pierden su capacidad adaptiva y quedan estructuras rígidas, frente a la diversidad humana y al cambio social, ellos *"se convierten en criterios de discriminación social"*[57].

La resistencia al cambio puede producirse por prejuicios sociales contra grupos estigmatizados, como: mujeres, no-blancos, grupos de religiones "otras" u otros grupos percibidos como "diferentes".

En este caso, la imagen negativa, simplemente debida al pertenecer a un colectivo, resiste fuertemente, pese a poseer

55 Plan International (2012).

56 Monreal Gimeno y Martínez Ferrer (2010).

57 Monreal Gimeno y Martínez Ferrer, *cit.* (6).

una información actualizada, de signo opuesto, y que contrasta ese estereotipo[58].

Es posible, sin embargo y pese a la influencia de los esquemas de género, impulsar modelos distintos sobre roles y opiniones, que pueden modificar las relaciones de género y contrastar visiones discriminantes. Podemos, por consecuencia, asumir que la cultura y la educación resultan cruciales para contrastar las visiones estereotipadas de género y los criterios que producen la discriminación social[59].

En este sentido, el rol fundamental de la educación y de la escuela, en cuanto "agencia de socialización", se pone aún más de relevancia, si consideramos que, por lo anteriormente expuesto, es precisamente en la edad muy temprana, es decir, en la fase de la socialización primaria y secundaria, que involucra a familia y escuela, cuando niñas y niños adquieren los esquemas de género, que, luego, se refuerzan, en los años y fases sucesivas, con los grupos de pares, en el entorno laboral, entre otros.

Consecuentemente, la *educación formal, no formal e informal* desenvuelve un papel fundamental, como instrumento para impulsar el cambio social, por medio de la valorización de modelos, que logren modificar los esquemas de género, previniendo la violencia contra mujeres y niñas y favoreciendo la implementación de sus derechos fundamentales[60].

---

[58] Binazzi, *cit.* (3); Monreal Gimeno y Martínez Ferrer, cit. (6).

[59] Binazzi, *cit.* (1).

[60] Binazzi, *cit.* (1).

CONCLUSIONES

En conclusión, es nuestra firme convicción que el rol activo de Estado, instituciones y buenas gobernanzas locales es central para "traducir" los compromisos internacionales, al contexto local, garantizando la plena implementación de los derechos de la infancia y la adolescencia. La transparencia y la capacidad de un Estado de rendir cuentas por las obligaciones asumidas, en tema de derechos de la infancia e igualdad de género, residen, primariamente, en mantener la *coherencia* y la *continuidad* de sus compromisos y acciones, en el delicado pasaje desde la escala internacional, hasta la escala nacional y local. Es también primordial que dicho proceso tenga en la debida cuenta y se harmonice de acuerdo con las peculiaridades y necesidades del contexto local. Todo ello se refleja de manera determinante en la prevención de la violencia de género que actualmente afecta a las niñas y adolescentes.

Para ir concluyendo, la dignidad humana de la Niña y la realización de sus derechos, al igual que de cada otro ser humano, no es un mero asunto de sentido común y/o de moralidad, sino es una obligación jurídica de cada Estado.

Es, igualmente, un prerrequisito para el desarrollo sostenible, porque la mujer en situación desventajada lleva un camino en que, casi siempre, las violaciones de sus derechos han empezado desde niña[61]. Ello se encuentra asimismo reflejado en el *Objetivo 5 sobre Género* de la *Agenda 2030 para el Desarrollo Sostenible.*

Es primordial, además que un fin ético en sí, que las niñas gocen plenamente de sus derechos, para poderse también convertir, en su vida adulta, en mujeres y ciudadanas activas, con

---

61 Binazzi, *cit.* (1); ONU Mujeres (2016); Plan International (2012).

iguales oportunidades, tanto en el escenario público, como en sus elecciones personales.

Con base en lo anterior, consideramos que proteger los Derechos de la Niña es el primer paso para el logro de la igualdad de género y *para la prevención de toda forma de violencia de género, contra niñas* y *mujeres*[62].

Bibliografía

Binazzi, A. (2023). Ocio, derechos de la infancia y condición de pobreza. Perspectivas de implementación para el desarrollo integral de niñas, niños y adolescentes. En: Morata Garcia, T., Palasi Luna, E. (Coords.), *Ocio educativo y acción sociocultural. Construyendo modelos para el desarrollo de personas y comunidades,* Editorial Graó, Barcelona.

___. (2022). La era de la implementación de los derechos de niñas, niñosy adolescentes en el marco de la Agenda 2030. Un espacio de transición jurídico, político y cultural entre lo global y lo local. In, *Cuestión de derechos. Reflexiones sobre la legitimación e institucionalización de los derechos de las infancias,* Parte III: Debates para una Agenda de Infancias, RIL Editores, Ediciones Universidad Santo Tomás, Chile.

___. (2019). Género y Derechos Humanos de la Niña. Una mirada antropológica para la implementación de los estándares jurídicos internacionales y el desarrollo sostenible. En: M. C. Monreal Gimeno y G. Campani (Coords.), *El Proyecto Género y Ciudadanía (GenderCit),* Revista Comparative Cultural Studies European and Latin America Perspectives, 7, 3-9, Florence University Press,Florencia, Italia, 55-72. https://doi.org/10.13128/ccselap-25814 .

Council of Europe (3 de marzo de 2016). *Council of Europe Strategy for the Rights of the Child (2016-2021). Children's human rights,* CM Documents, CM (2015) 175-final: Autor.

EU Commission (23 de Abril de 2024). *Recommendation on developing and strengthening integrated child protection systems in the best interests of the child:* Autor.

[62] Binazzi, *cit.* (1); *cit.* (3).

Monreal Gimeno, M. C., y Martínez Ferrer, B. (2010). Esquemas de género y desigualdades sociales. En: Amador Muñoz, L.V. y Monreal Gimeno, M. C. (Coords.), *Intervención social y género,* Narcea: España.

ONU Mujeres. (2016). *La igualdad de género,* ONU Mujeres México.

Pinheiro y Naciones Unidas. (2006). *World report on violence against children: United Nations Secretary-General's global Study on violence against children,* Geneva, Suiza: United Nations.

Plan International. (2012). *Por ser niña. Aprender para la vida.* Estado Mundial de las Niñas 2012, Resumen Ejecutivo, Reino Unido: Autor.

Capítulo 11

Violencia de género simbólica y su efecto en niñas y adolescentes

DRA. LAURA AGUILERA ÁVILA[63]

Profesora Contratada Doctora del Área de Trabajo Social y Servicios Sociales

Universidad de La Laguna

El concepto de violencia simbólica es una definición y propuesta del sociólogo Pierre Bourdieu que hace referencia a un tipo de violencia sutil y no física, ejercida a través de símbolos, normas, costumbres y valores. Según el autor, su ejercicio contribuye a la dominación y subordinación de ciertos grupos sociales sin el uso de la agresividad o de otro tipo de fuerza de manera directa.

Lo que caracteriza a la violencia simbólica es que pasa inadvertida, es invisible especialmente para quienes la sufren y quienes la ejercen lo hacen amparados por la "normalidad" e incluso porque forma parte de lo "natural". De esta forma se contribuye a perpetuar el control social y se mantienen las jerarquías de poder, contribuyendo a la reproducción de las desigualdades sin recurrir a la violencia física o a la coerción de manera evidente.

Leyendo estas pocas palabras es fácil visibilizar diferentes maneras de representar esta violencia y una de ellas es sin duda la aplicación que tiene para explicar las relaciones de género y las discriminaciones que estas producen. Bordieu ya lo hace

63 https://orcid.org/0000-0003-3512-2692. E-mail: laguiler@ull.edu.es

en La dominación masculina (1998), donde aplica el concepto de violencia simbólica a las relaciones de género, explicando cómo las estructuras simbólicas y culturales contribuyen a la perpetuación de la subordinación de las mujeres.

CARACTERIZACIÓN DE LA VIOLENCIA SIMBÓLICA CONTRA LAS MUJERES

La violencia simbólica se acepta sin reconocerla y al ser tan sutil y estar invisibilizada, constituye una forma de dominación con consecuencias profundas e históricas. Además, esta característica, hace que resistirse a ella sea más difícil, en palabras de Wiegmann (2017, p. 98) "es algo que se absorbe como el aire, algo por lo que no sientes presión; está en todas partes y en ninguna, y escapar de eso es muy difícil". Esta forma de dominación, la dominación masculina, sostiene ideológicamente a todas las demás formas de violencia y da sentido a la jerarquización social (Segato, 2003); para Chaher (2010) "la violencia simbólica es la madre de todas las violencias" porque puede contener otras formas de violencia más visibles y tangibles y porque está tan normalizada que se asume como natural.

En este trabajo entendemos la violencia simbólica de género como la violencia que se ejerce contra las mujeres por el hecho de serlo, que se sustenta en el plano simbólico y además se ejerce con la complicidad[64] del grupo subordinado, el de las mujeres, contribuyendo a mantener el orden social patriarcal.

---

64 Cuando se alude a la complicidad de las mujeres no se pretende culpabilizarlas, sino destacar que en las situaciones de subordinación, el grupo subordinado tiene un papel activo y en cierto sentido acepta la subordinación en tanto institución social. En definitiva, las mujeres tienden a asumir el rol en el que han sido socializadas.

Sin embargo, cabe señalar que este grupo subordinado no es homogéneo ni responde igual a esta forma de violencia.

Además de la opacidad y la asunción por parte de la población dominada como un hecho normal, tiene otras características. Una de ellas es que la violencia simbólica que se dirige contra las mujeres tiene el objetivo de ejercer el control sobre ellas, de dominarlas como grupo social y se basa y constituye la desigualdad que sigue imperando en nuestra sociedad. Además, es que está amparada en las prácticas establecidas por nuestras sociedades, se fundamenta en el sistema patriarcal y la repetición de estas prácticas de dominación ha hecho que parezcan naturales. Para de Miguel (2005), el rol actual de la violencia simbólica es el de reforzar y reproducir el sistema de desigualdad, ya que el sustrato ideológico existente permite que, para ejercer el control, sólo se recurra a la violencia explícita en determinadas ocasiones (Duch Plana, 2021), pues la violencia simbólica se impone sin necesidad de usar la fuerza o la coacción (Delmas, 2015).

Otra característica de esta forma de violencia es que no se puede identificar un agresor ni una intención (Benalcázar-Luna y Venegas, 2015) porque su ejercicio responde a la jerarquización social que otorga de forma implícita, y en ocasiones explícita, el poder a los hombres, a todos ellos. Una vez que se sienten depositarios del poder y con permiso social para la dominación, la intención les viene dada también socialmente: se desplegará esta violencia cuando sea necesario ejercer o restablecer control.

Por último, apuntar que la violencia simbólica es mantenida por el propio sistema y en el caso de la que se ejerce contra las mujeres este sistema sustentador es el patriarcado. Montero y Nieto (2002) lo definen como la estructura social en la que diversos factores se entrelazan y refuerzan mutuamente para hacer posibles las actitudes y conductas discriminatorias contra la mujer. Estos factores van desde las categorías en que se conceptualiza el mundo, en este caso el género, lo masculino y lo femenino; los esquemas de percepción, entrenados dentro del propio patriarcado; el universo simbólico; hasta factores más materiales que emanan del sistema como las leyes, el sistema educativo, judicial, etc. (Gil, 2019; Kaufman, 1987). Para Lagarde (1996: 52), en el sistema patriarcal, "las mujeres, en distintos grados, son expropiadas y sometidas a opresión de manera predeterminada. En este orden se sitúa a los hombres como dueños y dirigentes del mundo, se reservan para ellos poderes de dominación sobre las mujeres y se les permite expropiarles sus creaciones, sus bienes materiales y simbólicos. Sin el sistema patriarcal la violencia simbólica contra las mujeres no se sostiene".

LA CONSTRUCCIÓN DE LA VIOLENCIA SIMBÓLICA

Esta forma de violencia simbólica forma parte de la cotidianeidad, es cultural y aprendida mediante la socialización de género. Para autoras como Maccoby (2007) y Grusec y Davidov (2010) la socialización se define, en términos generales, como el proceso en el cual las personas incorporan normas, roles, valores, actitudes y creencias, a partir del contexto sociohistórico en el que encuentran insertas y a través de diversos agentes tales como los medios de comunicación, la familia, los grupos de iguales, las instituciones educativas, religiosas y recreacionales, entre otras. Este proceso transcurre durante toda la vida de las personas y no es voluntario. Se trata de un proceso por el que se interioriza lo que está normalizado; los diferentes agentes de socialización transmiten modelos, que en nuestra sociedad patriarcal, sin hablar de otras interseccionalidades, son diferentes para niñas y para niños y reproducen el orden establecido, refuerzan y mantienen los estereotipos de género. Según Varela (2016), "se hacen verdades indiscutibles a fuerza de repetirse".

Para Leaper y Friedman (2007), en el proceso de socialización de género se encuentran implicados diferentes procesos: los socioculturales que consisten en la utilización del sistema patriarcal y la división sexual del trabajo como criterio para estructurar la sociedad y para repartir de forma desigual el poder y el estatus; los procesos socio-interactivos que describen las diferentes oportunidades y experiencias que se ofrecen a ambos sexos; y, por último, los procesos cognitivo-motivacionales, que considerados como esquemas de género, son en los que se van desenvolviendo las personas de distinto sexo dentro de su contexto, a través de ellos se infieren el significado y las consecuencias de comportamientos relacionados con el género, sirviendo como regulador de conductas (Yubero y Navarro, 2010).

Con este proceso de socialización diferenciada se consigue que niñas y niños, adolescentes, mujeres y hombres, adquieran una serie de valores, aptitudes y habilidades diferentes en función de su sexo que tiene como consecuencia el mantenimiento de la desigualdad, la discriminación y la violencia simbólica hacia las mujeres.

Se ha apuntado a que este proceso de socialización de género no es voluntario pero sí se puede cuestionar, revisar y desaprender; por lo que ni todo el grupo con poder, los hombres, van a ejercer violencia de manera consciente ni todo el grupo subordinado, las mujeres, van a sostenerla con la misma intensidad.

EXPRESIÓN DE LA VIOLENCIA SIMBÓLICA EN LAS NIÑAS Y ADOLESCENTES

Las expresiones de este tipo de violencia contra las mujeres son muy variadas y se sustentan, entre otras formas, en el lenguaje, la imagen y la construcción de la identidad.

En las niñas y adolescentes estos tres elementos son fundamentales, teniendo mayor relevancia el primero en el caso de la primera infancia y el último para la adolescencia. Por ello, prestar atención a las formas de violencia simbólica en estas etapas es primordial, tanto para las niñas y adolescentes, que van a sufrirla, como para quienes están siendo entrenados para perpetrarla, niños y adolescentes.

Como decíamos, en las niñas, el lenguaje tiene una relevancia especial, pues es el vehículo mediante el que se construye el resto del mundo; todas las experiencias, conocimientos, etc. se van a adquirir y compartir mediante el lenguaje. En las adolescentes, la violencia simbólica tiene una relevancia especial tanto en cuanto se está construyendo su identidad personal, sus relaciones con el entorno y con otras personas y están creando también su lugar en el mundo como sujetos independientes. En ambos casos, la niñez y la adolescencia, la imagen va a ser central en su desarrollo, tanto para internalizar sus capacidades como para expresarlas; además de ser la forma en que el resto las ve y las entiende.

Algunos ejemplos de cómo la violencia simbólica afecta a las niñas y adolescentes son los que se presentan a continuación, que, siguiendo a Solarte Muñoz y Ortiz Duque (2003) se articulan en torno a tres ejes: violencias simbólicas cronotópicas, de estereotipos y asociadas a la pertenencia.

En las primeras, la violencia simbólica se manifiesta a través de estructuras temporales (crono) y espaciales (tópicas) particulares, reforzadas a través de la organización de los espacios y los tiempos. Algunos ejemplos en este eje serían la segregación por sexos en las escuelas, pero no solo la separación física, sino la desigual oferta de oportunidades ('las chicas son de letras y los chicos de ciencias'); la exclusión de niñas y adolescentes de determinados espacios (el ocio, el deporte, los viajes, la historia, la cultura, etc.); la limitación del movimiento que produce el uso de determinadas prendas 'propias' de chicas (faldas, tacones, uñas de gel, etc.); forzar y adaptar al sistema patriarcal los ritmos de crecimiento y desarrollo ('las niñas maduran antes') o castigar a las personas por no cumplir en su momento determinados rituales ('ser la estrecha si no tienes relaciones sexuales').

Las violencias simbólicas vinculadas al eje de los estereotipos son quizás más reconocibles. Los estereotipos de género incluyen conceptos sobre el aspecto, la constitución corporal, los rasgos faciales o la indumentaria, pero también, al construirse junto a los roles de género, sobre patrones de conducta, formas de expresar los sentimientos y las emociones o cuestiones más relacionadas con lo que las chicas deben hacer y a lo que se deben dedicar (Solarte Muñoz y Ortiz Duque, 2003). Los ejemplos también son muy variados y van desde estereotipos sobre la belleza, imponiendo estándares irreales sobre cómo las adolescentes (y ya también las niñas) deben ser; la cosificación de los cuerpos, presionando a niñas y adolescentes a cumplir con ciertos cánones estéticos; los roles que deben desempeñar como niñas, como adolescentes y a los que tendrán que responder como adultas, vinculados fuertemente al cuidado de los otros; hasta estereotipos sobre la sexualidad mediante los que niñas y adolescentes internalizan la idea de que su valor como personas está vinculado a su atractivo sexual (haciendo uso de su 'capital sexual'[65]), lo que refuerza dinámicas de poder desiguales y relaciones de dependencia emocional y sexual, sin hablar del riesgo que esto supone para el desarrollo de su sexualidad o la vulnerabilidad en la que las coloca para sufrir agresiones sexuales.

---

65 Se refiere al valor social que una persona o grupo acumula por su atractivo sexual. Para conocer más sobre esta propuesta del capital sexual se puede consultar a Ilouz, E., & Kaplan, D. (2020). El capital sexual en la Modernidad tardía. Herder editorial.

El último eje sobre el que se construye la violencia simbólica es el asociado a la pertenencia, que se refiere a la manera en que las niñas y adolescentes crean su imagen, establecen sus vínculos en sentido amplio, se sienten apreciadas, reconocidas y en confianza. Así, en las relaciones afectivas, las adolescentes suelen ser socializadas para aceptar dinámicas de poder desiguales que *a priori* parecen normales, pero que en realidad son formas de violencia simbólica. Algunos ejemplos son el aceptar el control en las relaciones de pareja como parte del amor, asumir que el cuidado emocional de los demás es su responsabilidad o que no pueden tener puntos en común con los "otros" (los hombres, las lesbianas), sino que las relaciones se basan en el antagonismo.

CONCLUSIÓN

Hemos podido ver que la violencia simbólica que sufren las niñas y adolescentes se manifiesta de manera sutil pero profunda en su vida cotidiana, a través de la internalización de normas, valores y expectativas que limitan su autonomía y refuerzan relaciones de poder desiguales. Esta violencia es demoledora para las mujeres. Estos procesos son difíciles de identificar y de combatir, ya que a menudo están profundamente arraigados en las estructuras sociales y culturales, y se presentan como algo "normal", "deseable" o "natural". Sin embargo, tienen un impacto significativo en su autoestima, su desarrollo y su capacidad para construir una identidad propia autónoma y libre. Como una simple pero reveladora consecuencia podemos decir que las niñas, desde los 12 años de edad, ya tienen un peor autoconcepto y menor autoestima que sus compañeros (Kuscuoglu y Hartas, 2022).

También hay que destacar que esta violencia opera dentro del sistema patriarcal, que está perfectamente engranado para que siga funcionando del mismo modo. Así, ante posibles voces o actos discordantes con esta u otras formas de violencia, cualquier intento de destapar sus efectos, es atajado por el propio sistema. En el caso de estas formas de violencia que afectan a las niñas y adolescentes (pero con otras formas también), el sistema patriarcal ha encontrado como vía de contramovimiento aludir a su libertad y capacidad de elección, obviando que el repertorio de conductas sobre las que elegir está construido de antemano bajo ese dominio patriarcal.

Sin duda, la violencia simbólica contra las mujeres y sus consecuencias es un aspecto a tratar en la educación, entrenamiento y capacitación de niños, niñas y adolescentes, para que, promoviendo su capacidad crítica, puedan poner en práctica modos de revelarse contra la misma y de no continuar reproduciendo.

Referencias bibliográficas

Benalcázar-Luna, M. & Venegas, G. (2015). Micromachismo: manifestación de violencia simbólica. UTCiencia. Ciencia y Tecnología al servicio del pueblo, 2(3): 140-149.

Bourdieu, Pierre (1998). *La dominación masculina.* Barcelona: Anagrama

Chaher, S. (2016) Violencia simbólica: la madre de las violencias. En S. Chaher (Comp.) *Comunicación, género y derechos humanos.* Comunicación para la Igualdad Ediciones.

Delmas, F. (2015). Tramas de la violencia simbólica: 19-45, disponible en http://perio.unlp.edu.ar/ojs/index.php/conequisFPyCS

Duch Plana, M. (2021). La reivindicación feminista ante la violencia patriarcal: apuntes históricos de una impugnación. En I. Pastor Gosálbez y M. Trujillo Cristoffanini (Eds.). *La violencia contra las mujeres desde las ciencias sociales* (pp.11-20). Tecnos.

Gil, M. (2019). *El origen del sistema patriarcal y la construcción de las relaciones de género,* Ágora, 29.

Grusec, J. & Davidov M. (2010). Integrating different perspectives on socialization theory and research: a domain-specific approach. *Child Development,* 81(3), 687-709. https://doi: 10.1111/j.1467-8624.2010.01426.x.

Kaufman, M. (1987). *Beyond patriarchy.* Oxford University Press.

Kuscuoglu, A., & Hartas, D. (2022). Academic self- concept, self-esteem and school attitudes in pre and mid adolescents: gender, SES and parenting. *Research Papers in Education, 39*(3), 492–515. https://doi.org/10.1080/02671522.2022.2150885

Lagarde, M. (1996). *Género y feminismo. Desarrollo humano y democracia.* Horas y Horas.

Leaper, C. y Friedman, CK. (2007). The Socialization of Gender. In J.E. Grusec & PD. *Hastings, Handbook of Socialization: Theory and Research* (pp.561-587). Guilford Publications.

Maccoby, E. (2007). Historical Overview of Socialization Research and Theory. In J.E. Grusec & PD. *Hastings, Handbook of Socialization: Theory and Research* (pp.3-33). Guilford Publications.

Montero, Mª L. y Nieto, M. (2002). El patriarcado: una estructura invisible. Recuperado de https://www.stopmachismo.net/marmar2.pdf

Segato, RL. (2010). La argamasa jerárquica: violencia moral, reproducción del mundo y la eficacia simbólica del derecho. In RL. Segato (Comp.), *Las estructuras elementales de la violencia- Ensayos sobre género entre la antropología, el psicoanálisis y los derechos humanos.* Prometeo Libros.

Solarte Muñoz, M. y Ortiz Duque, P.A. (2003). Acerca de la violencia simbólica en las relaciones intergenéricas de adolescentes. *Revista prospectiva,* 8, 204-212.

Wiegmann, WL. (2017). Habitus, Symbolic Violence, and Reflexivity: Applying Bourdieu's Theories to Social Work, *The Journal of Sociology & Social Welfare,* 44 (4), 95-116.

Yubero, S. y Navarro, R. (2010). Socialización de género. En L. Amador y Mª del C. Monreal. *Intervención Social y Género.* (pp.43-73). Narcea.

Capítulo 12

El derecho del niño a la protección contra la violencia en Chile: nuevas oportunidades frente a cambios legislativos

DRA. FABIOLA LATHROP GÓMEZ
Profesora Titular de Derecho Civil
Universidad de Chile

1.- INTRODUCCIÓN

Esta ponencia dice relación, fundamentalmente, con dos disposiciones: una contenida en el Código Civil chileno (CC), y otra en la primera ley integral de protección de derechos de niños, niñas y adolescentes (NNA) de mi país, que es la Ley 21.430, Sobre Garantías y Protección Integral de los Derechos de la Niñez y Adolescencia, de marzo de 2022 (LG):

Artículo 234 inciso primero CC: *"Los padres tendrán la* ***facultad de corregir*** *a los hijos, cuidando que ello no menoscabe su salud ni su desarrollo personal. Esta facultad* ***excluye toda forma*** *de maltrato físico y sicológico y deberá, en todo caso, ejercerse en conformidad a la ley y a la Convención sobre los Derechos del Niño."*

Artículo 36 LG: *"Todo niño, niña y adolescente tiene derecho a ser tratado con respeto. Ningún niño, niña o adolescente podrá ser sometido a violencia, malos tratos físicos o psíquicos, descuidos o tratos negligentes, abusos sexuales o de cualquier otra índole, venta, trata, explotaciones, tortura u otro trato ofensivo o degradante.*

***Toda forma de maltrato** a un niño, niña o adolescente, incluido el maltrato prenatal, **está prohibido y no puede justificarse por circunstancia alguna**. (…)".*

A la luz de modificaciones tanto civiles como penales de los últimos años, así como de cierta jurisprudencia, se intenta persuadir sobre una posible modificación al CC de manera de proscribir categóricamente las vías de hecho contra NNA en contextos familiares.

Considerando que el carácter integral de la LG obliga a reformar, adecuar y reinterpretar distintas normas conforme a sus principios y reglas, se advierte que el artículo 234 del CC debería contener una prohibición absoluta de las vías de hecho como expresión de corrección parental, en concordancia con el mandato del artículo 36 de la LG.

El artículo 36 de la LG busca erradicar el maltrato infantil, que lamentablemente es naturalizado en muchos contextos sociales, especialmente familiares. En efecto, en abril de 2024, UNICEF dio a conocer los resultados de la 2ª Encuesta Nacional de Polivictimización -dirigida a estudiantes entre 12 y 17 años-, que arrojó que la violencia hacia NNA por parte de sus cuidadores principales ha tenido un aumento en los últimos seis años, pasando de un 35% en 2017 a un 39% en 2023.

Si bien "la mirada social respecto del fenómeno del maltrato infantil ha variado desde la complacencia y la aceptación, hacia el llamado a la prevención y el reproche frente a su ocurrencia" (Vera 2021), persisten ordenamientos que no han ajustado sus leyes a los estándares internacionales de DDHH sobre proscripción absoluta de todo tipo de violencia contra NNA, y que a través de frases como "uso razonable de la fuerza" o "law correction" (Van Weezel 2013), parecen legitimar el castigo corporal moderado, dando pábulo a que algunos autores legitimen ciertas formas de maltrato -la mayor parte de las veces comprendido como expresión del derecho a corrección-, como una forma válida de educación parental (Baraona 2008, Fuentes 2024).

La LG refrenda el reproche que el legislador viene efectuando contra el maltrato infantil desde que ratificó la Convención Sobre los Derechos del Niño, cuyo artículo 19 prescribe en su párrafo 1, que *"Los Estados Partes adoptarán todas las medidas legislativas, administrativas, sociales y educativas apropiadas para proteger al niño contra* ***toda forma*** *de perjuicio o abuso físico o mental, descuido o trato negligente, malos tratos o explotación, incluido el abuso sexual, mientras el niño se encuentre bajo la custodia de los padres, de un representante legal o de cualquier otra persona que lo tenga a su cargo."*

2.- REPRESIÓN NORMATIVA DE LAS VÍAS DE HECHO

Cabe señalar que no existe en nuestro ordenamiento una definición legal de maltrato infantil ni tampoco una norma que lo tipifique como delito autónomo.

Existen sí al menos tres cuerpos que regulan la violencia contra NNA desde el punto de vista civil: el CC, la Ley 20.066 (de violencia intrafamiliar) y la LG. Asimismo, a partir de 2017, ciertas normas penales regulan delitos asociados al maltrato infantil en los artículos 403 bis y 403 ter del Código Penal (CP).

2.1.- Regulación civil: corrección, maltrato y violencia intrafamiliar

Hasta antes de la reforma que se introdujo al CC en 2008, cierta doctrina tendía a justificar el maltrato infantil constitutivo de lesiones mediante la aplicación de la causa de justificación relativa al ejercicio legítimo de un derecho (Politoff 1992), pues la norma civil permitía el castigo físico.

Hoy, la generalidad de la doctrina civil rechaza esta interpretación (Acuña 2017). En este mismo sentido, autores penalistas afirman que el artículo 234 CC parece no sustentar la existencia de un derecho de corrección que se manifieste en la provocación de lesiones a personas menores, aun cuando sean de gravedad ínfima (Vera 2021).

En este sentido, destaca el fallo de la Corte de Apelaciones de Santiago, de 20 de julio de 2015, que confirma la decisión del 7° Juzgado de Garantía de Santiago en orden a no sobreseer al padre de una niña de 9 años del delito de lesiones menos graves. Este fallo señaló que *"(…)* ***no puede considerarse que, dentro de las facultades de corrección que le corresponden a los padres, de conformidad con lo que prevé el artículo 234 del Código Civil, se encuentren aquellas actuaciones que deriven en agresiones,*** *que importen lesiones a la niña ofendida, como sucede precisamente en el caso sub judice, máxime si tenemos presente que* ***la norma aludida expresamente excluye toda*** *forma de maltrato físico y psicológico (…)".*

2.2.- Nuevos delitos

Tradicionalmente, el Derecho Penal centró sus esfuerzos represivos del maltrato infantil teniendo como base una acción de violencia física. Sin embargo, las últimas modificaciones al CP evidencian un cambio de paradigma en esta última cuestión, al tipificarse también el maltrato de naturaleza psicológica.

En relación al maltrato infantil en contexto familiar, cabe aclarar que, por disposición legal expresa del artículo 494 número 5 CP, el tipo de lesiones leves no resulta aplicable a tal tipo de maltrato, mereciendo siempre la calificación de menos graves; por esta razón, la delimitación entre lesiones menos graves y leves carece de relevancia respecto de los casos más recurrentes de maltrato infantil familiar, por ejemplo, cuando es proferido por sus progenitores o parientes encargados de su cuidado.

Como es sabido, el fenómeno del maltrato infantil familiar de naturaleza física usualmente se manifiesta en la ejecución de conductas calificables como puras "vías de hecho", tales como tironeo de cabello, meros empujones, pellizcos, forcejeos o zamarreos. De seguirse la tesis que indica que las vías de hecho no configuran lesiones, tales formas de ejecución de la conducta resultarían atípicas para este delito.

No obstante, hay quienes opinan que las vías de hecho podrían constituir violencia intrafamiliar en la medida en que cumplan con las exigencias típicas del delito de maltrato habitual, es decir, siempre que concurra el requisito estructural de dicho tipo, esto es, la habitualidad; en los restantes supuestos, las vías de hecho (no habituales) no resultarían punibles ni en virtud de este ilícito ni tampoco como lesiones (Vera 2021).

Sin embargo, esto no significa que las vías de hecho carezcan de relevancia penal cuando se ejercen contra menores de edad, pues luego de la reforma introducida en 2017 se deben castigar bien a título del denominado "maltrato corporal relevante figura básica" del artículo 403 bis inciso primero CP, o bien, por la figura agravada del inciso segundo del mismo artículo.

Esta reforma constituye la iniciativa penal más acabada de los últimos años en materia de maltrato infantil general y familiar en nuestro país. El elemento común de estos nuevos ilícitos radica en que, a diferencia de los delitos de mutilaciones y lesiones propiamente tales, sancionan afectaciones al bien jurídico protegido que no requieren un efectivo detrimento para la salud de la víctima, en el sentido de provocar una disminución de la integridad corporal o bien una enfermedad o incapacidad para el trabajo; por el contrario, al estructurarse a partir de la referencia a comportamientos como "maltratar corporalmente" o "someter a tratos degradantes", permiten la punición de las simples vías de hecho e, incluso, de acontecimientos no físicos pero que provocan, por ejemplo, una afectación a la dimensión psíquica de la salud (Vera 2021).

Así, la Ley 21.013, Tipifica un Nuevo Delito de Maltrato y Aumenta la Protección de Personas en Situación Especial, de

6 de junio de 2017, regula en el contexto de los delitos contra la salud: dos figuras de maltrato corporal relevante (básica y agravada) y el trato denigrante.

a.- Maltrato corporal relevante

a.1.- El artículo 403 bis, inciso primero CP, regula el **tipo básico de maltrato**. Así, sanciona al que, de manera relevante, maltratare corporalmente a un NNA menor de 18 años, a una persona adulta mayor o a una persona en situación de discapacidad.

El comportamiento consiste en maltratar *corporalmente* (sin exigencia de habitualidad), lo que puede interpretarse como cualquier acontecimiento físico en contra del sujeto pasivo que no deje una huella externamente apreciable; por ejemplo, golpes que no causan una lesión o las simples vías de hecho (zamarreos, arrancar cabello, pellizcar, empujar, provocar la caída de la víctima) (Vera 2021).

En efecto, la jurisprudencia ha conocido de este nuevo delito distinguiéndolo del delito de lesiones. Así, el fallo de la Corte de Apelaciones de Talca, de 13 de noviembre de 2023, que conoce del recurso de nulidad interpuesto contra la sentencia de primera instancia que había desechado la acusación del fiscal en orden a condenar, por el nuevo delito de maltrato corporal relevante, al primo mayor de edad de la víctima de 9 años a quien le profería "coscachos y patadas" entre otras agresiones físicas, estableció en su considerando tercero que:

"(…) el juez a quo realiza ***exigencias normativas para configurar el tipo penal que no fue objeto del requerimiento****, de forma que, más allá de la prueba rendida, con ello aplica erróneamente el derecho (…)"*. El juez de primera instancia había configurado las acciones del primo de la víctima como delito de lesiones, indicando que para acreditarlo era *"(…) necesaria* ***prueba consistente en dato***

o certificado de atención médica, pericias médicas y declaración de profesional de la salud que haya constatado las supuestas lesiones; *lo cual no se incorporó en juicio y por ello forzosamente ha de arribarse a la absolución del acusado."*

a.2.- El inciso 2° del artículo 403 bis CP tipifica la **figura calificada de maltrato.**

Castiga al que teniendo un deber especial de cuidado o protección respecto de un NNA menor de 18 años, a una persona adulta mayor o a una persona en situación de discapacidad, la maltratare corporalmente de manera relevante o no impidiere su maltrato debiendo hacerlo.

En relación a este delito, cabe detenerse en el fallo de la Corte de Apelaciones de Santiago, de 23 de febrero del año 2024, que resuelve el recurso de nulidad interpuesto por la condenada por delito de maltrato corporal relevante en contexto de violencia intrafamiliar -es decir, en conformidad al artículo 403 bis inciso segundo CP-.

Este fallo confirma la tesis del tribunal de instancia en cuanto a que el delito de maltrato corporal relevante no exige acreditación de lesiones o que ellas hubieren sido constatadas por medio de informe médico o pericial. Se encontraba probado en el juicio por prueba de testigos, entre ellos el padre del niño y personal de su colegio, que la víctima de 8 años había sido agredida por su madre, quien había sido sorprendida profiriéndole sendos insultos y amenazas de golpe, agrediéndolo luego físicamente con una fusta. La defensa argumentaba que los hechos no habían sucedido, ya que, de ser ciertos, deberían haber dejado rastros en el cuerpo de la víctima, dadas sus características personales, marcas que no existieron ni existían.

b.- Trato degradante

Finalmente, el artículo 403 ter CP castiga al que sometiere a un NNA menor de 18 años, a una persona adulta mayor o a una persona en situación de discapacidad, a un trato degradante, menoscabando gravemente su dignidad.

Así, en sentencia de 24 de noviembre de 2022, la Corte de Apelaciones de Rancagua rechazó el recurso de nulidad de una sentencia que condenó a la recurrente como autora del delito reiterado de sometimiento a trato de garante de personas con discapacidad conforme el artículo 403 ter CP.

La autora del delito había sido directora por más de treinta años de un establecimiento educacional de personas con discapacidad. La sentencia de la Corte da cuenta de *"malos tratos verbales mediante expresiones que profería de modo general y en contra algunos alumnos con mayor frecuencia, tales como, sucia, cochina, no perteneces aquí, mongólicos, guatón de la fruta, entre otras epítetos, todos los cuales, a juicio del tribunal, denotaban un* ***menosprecio y maltrato sicológico en perjuicio de quienes eran proferidas".***

3.- CONCLUSIONES Y PROPUESTA

Considerando lo prescrito en el CC y en la LG, así como el espíritu que informa las modificaciones al CP comentadas, no cabe sino concluir que nuestra legislación ha ido adecuándose a los estándares internacionales de prohibición absoluta de todo tipo de violencia contra NNA.

Se ha transitado así desde una postura que reconocía en las vías de hecho una manifestación del derecho parental de castigo moderado, a la tipificación penal de expresiones del maltrato infantil, inclusive de carácter psicológico; hasta alcanzar, en nuestro primer cuerpo legal integral de protección de la infancia y de la adolescencia del año 2022, la proscripción absoluta de toda forma de violencia contra NNA, incluidas las vías de hecho.

De manera tal que, conforme a la tesis de este trabajo, corresponde, en el terreno civil, adecuar el artículo 234 CC de la siguiente forma: **"Se prohíbe toda forma de castigo, violencia y maltrato contra niños, niñas y adolescentes en el ejercicio de los derechos y deberes regulados en este Título, los que deberán ejercerse en conformidad a la ley y a la Convención Sobre los Derechos del Niño."**

Con estas modificaciones, el artículo 234 CC guardaría coherencia con la proscripción absoluta de la violencia contra NNA contenida en los estándares internacionales, así como con los esfuerzos legislativos internos generados en el ámbito penal como civil y, especialmente, en el artículo 36 LG.

Bibliografía:

Acuña, Marcela, "Ejercicio de la facultad de corrección de los hijos conforme a la Convención Sobre Derechos del Niño", en: Acuña, M.; Del Picó, J.; (Eds.), Estudios de Derecho Familiar. Segundas Jornadas Nacionales de Derecho de Familia, Ediciones Universidad de Talca, Talca, 2017.

Baraona, Jorge, y Tapia, Mauricio,"Contrapunto Sobre la Modificación al Artículo 234 del Código Civil Relativo a la Facultad de los Padres de Corregir a los Hijos", Revista Chilena de Derecho, 2008, vol. 34 N°3.

Fuentes, Rodrigo, "La facultad de corregir y castigar moderadamente a los hijos", ponencia expuesta en las VIII Jornadas Nacionales de Derecho de Familia del año 2024 (por publicar).

Vera, Jaime, "El maltrato físico infantil en el contexto familiar a la luz del derecho penal chileno. Análisis y crítica", en Cillero, M.; Maldonado, F.; Valenzuela, E. (Eds.), Protección frente a la violencia contra niños, niñas y adolescentes en Chile. Aspectos jurídicos y sociales, Thomson Reuters, Santiago de Chile, 2021.

Van Weezel, Alex, "El castigo corporal correctivo ante el Derecho penal", en Cillero, M.; Maldonado, F.; Valenzuela, E. (Eds.), Protección frente a la violencia contra niños, niñas y adolescentes en Chile. Aspectos jurídicos y sociales, Thomson Reuters, Santiago de Chile, 2021.

PRECONGRESO MUNDIAL POR LOS DERECHOS DE LA INFANCIA Y LA ADOLESCENCIA:
EL RETO DE LA ELIMINACIÓN DE LA VIOLENCIA

FACULTAD DE DERECHO - AULA TOMÁS Y VALIENTE
UNIVERSIDAD DE LA LAGUNA (TENERIFE, ESPAÑA)

26 Y 27 DE SEPTIEMBRE 2024

Rumbo al X Congreso Mundial por los Derechos de la Infancia y la Adolescencia
Universidad de La Sapienza, Roma (Italia), 14 y 15 de noviembre de 2024

La Agenda 2030 de la ONU recoge entre sus 17 Objetivos de Desarrollo Sostenible la necesidad de protección de la infancia y la adolescencia frente a la violencia. Concretamente el Objetivo 16 (Promover sociedades justas, pacíficas e inclusivas para un desarrollo sostenible, brindar acceso a la justicia para todos y fomentar instituciones eficaces, responsables e inclusivas en todos los niveles) plantea en su segunda meta: poner fin a todas las formas de violencia contra los niños y las niñas. Además, el propósito de finalizar con el maltrato, el descuido y la explotación infantil, ya sea en mayor o menor intensidad, está presente en otras muchas metas de los ODS.

Este Precongreso Mundial por los Derechos de la Infancia y la Adolescencia, organizado por el Grupo de Investigación de la Universidad de La Laguna "Derecho, persona y familia" con la colaboración de ADDIA (Asociación sin ánimo de lucro para la Defensa de los Derechos de la Infancia y la Adolescencia), centra su análisis en la problemática de la violencia en muchas de sus manifestaciones y desde una perspectiva interdisciplinar dada la temática. Tendrá un importante protagonismo, al celebrarse en España, el análisis de la Ley Orgánica 8/2021, de 4 de junio, de protección integral a la infancia y la adolescencia frente a la violencia si bien la proyección del Congreso es internacional. Se pretende, por un lado, poner de manifiesto que el enfoque jurídico interdisciplinar a nivel doctrinal es muy valioso en los casos en los que las investigaciones tienen como base temas sociales.

Gracias a la participación de prestigiosos académicos y académicas, se tendrá la ocasión de ahondar doctrinalmente desde una perspectiva transversal e interdisciplinar sobre una de las mayores lacras que persiguen hoy a todas las sociedades, cualesquiera que sean: la violencia contra nuestra infancia y adolescencia.

El congreso es gratuito. Se podrá asistir presencialmente o virtualmente. Para poder recibir el certificado de asistencia es necesario matricularse en plazo. No se atenderán solicitudes de personas no inscritas correctamente.

Se celebrará conforme al huso horario de las Islas Canarias.

ENLACE INSCRIPCIONES

Más información: catedrainfancia@ull.es

Organizan:

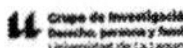

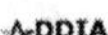

Colaboran:

Financiado por Vicerrectorado de Investigación y Transferencia de la Universidad de La Laguna.
Entidades colaboradoras ULL: Facultad de Derecho de la Universidad de La Laguna; CDE, Centro de Documentación Europea de la Universidad de La Laguna; CIFAMECO, Centro Interuniversitario Internacional de Estudios de la Paz, de la Mediación y la Convivencia de la Univ. de La Laguna CEDESOC, Centro de Estudios de Desigualdad Social y Gobernanza de la Universidad de La Laguna

PROGRAMA

PRECONGRESO MUNDIAL POR LOS DERECHOS DE LA INFANCIA Y LA ADOLESCENCIA:
EL RETO DE LA ELIMINACIÓN DE LA VIOLENCIA

JUEVES, 26 DE SEPTIEMBRE DE 2024 *Aula Tomás y Valiente - Facultad de Derecho ULL*

14:30 h **Presentación de asistentes**

14:50 h **Inauguración**

- Dr. Francisco J. García Rodríguez, Rector Magnífico de la Universidad de La Laguna
- Excma. Sra. Dña. María Candelaria Delgado Toledo, Consejera de Bienestar Social, Igualdad, Juventud, Infancia y Familias del Gobierno de Canarias
- Doña Águeda Fumero Roque-Consejera Insular del Área de Acción Social, Inclusión, Voluntariado y Participación Ciudadana del Excelentísimo Cabildo Insular de Tenerife
- Dra. Ma Aránzazu Calzadilla Medina, Directora del Precongreso Mundial

15:15 h **Palabras de bienvenida** Dra. Rosaria Correa Pulice. Miembro del Comité de Derechos del Niño de Naciones Unidas. Directora del Observatorio contra la Explotación Sexual de Niños y Adolescentes de la Universidad de Panamá

15:30 h **Conferencia: La promoción de parentalidad positiva como estrategia de prevención de la violencia contra la infancia y la adolescencia**
Dra. María Victoria Hidalgo García, Catedrática de Psicología Evolutiva y de la Educación de la Universidad de Sevilla

16:15 h **Conferencia: Garantía de calidad en la atención a la infancia, adolescencia y familias**
Dra. María José Rodrigo López, Catedrática Emérita de Psicología Evolutiva y de la Educación de la Universidad de La Laguna

17:00 h **Conferencia: Implicaciones jurídico-civiles del concepto de abandono de menores como ausencia de cuidados y de afectos**
Dra. Alma María Rodríguez Guitián, Catedrática de Derecho Civil de la Universidad Autónoma de Madrid

17:45 h **Pausa café**

18:15 h **Conferencia: La instrucción y enjuiciamiento de las causas penales por delitos cometidos contra personas menores de edad. Un enfoque interdisciplinar e interinstitucional**
D. Tomás Luis Martín Rodríguez, Titular del Juzgado de Instrucción núm. 3 de Las Palmas de Gran Canaria, Juzgado especializado en Violencia contra la Infancia y la Adolescencia

19:00 h **Mesa redonda: Violencia contra niñas y adolescentes**

- Género y derechos de las niñas, las adolescentes y de las mujeres. Avanzar para el logro de la igualdad sustantiva

Dra. Alice Binazzi, Antropóloga. Doctora en Ciencias Sociales. Plan RTR de España, NextGenerationEU y Plan de Recualificación del sistema universitario español, Universidad Autónoma de Barcelona, Universidad Pablo de Olavide y Universidad de Parma (Italia). Experta externa en Ciencias Sociales y Humanidades de la Comisión Europea

- Violencia de género simbólica y su efecto en niñas y adolescentes

Dra. Laura Aguilera Ávila, Profesora Contratada Doctora de la Universidad de La Laguna

Organizan: 

Colaboran: 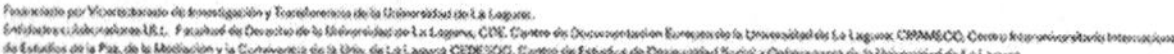

Universidade de Vigo unesco

Financiado por Vicerrectorado de Investigación y Transferencia de la Universidad de La Laguna.

PROGRAMA

PRECONGRESO MUNDIAL POR LOS DERECHOS DE LA INFANCIA Y LA ADOLESCENCIA:
EL RETO DE LA ELIMINACIÓN DE LA VIOLENCIA

19:30 h **Conferencia: El derecho del niño a la protección contra la violencia en Chile: nuevas oportunidades frente a cambios legislativos**
Dra. Fabiola Lathrop Gómez, Profesora y Directora del Programa "Persona, Familias y Derecho", Facultad de Derecho, Universidad de Chile

20:00 h **Cierre de sesión**

VIERNES, 27 DE SEPTIEMBRE DE 2024

Aula Tomás y Valiente - Facultad de Derecho ULL

8:45 h **Mesa redonda: Familia y el sistema de protección**

- Dra. Miriam Álvarez Lorenzo, Profesora Contratada Doctora de la Universidad de La Laguna
- Dra. Sonia Byrne, Profesora Contratada Doctora de la Universidad de La Laguna
- Dra. Sara Darias Curvo, Prof. Titular de Enfermería de la Universidad de La Laguna
- Dr. Eduardo Martín Cabrera, Prof. Titular de Psicología Evolutiva y de la Educación de la Universidad de La Laguna

9:45 h **Mesa redonda: El papel de la Administración pública**

- Los principios rectores de la acción administrativa en relación con menores en situación de riesgo

Dra. Andrea Garrido Juncal, Profesora contratada doctora de Derecho Administrativo, Universidad de Santiago de Compostela

- La acreditación y autorización de centros y servicios dirigidos a menores. Propuestas para simplificar el sistema

Dra. Claudia Hernández López, Profesora Contratada Doctora de Derecho Administrativo, Universidad de La Laguna

10:30 h **Mesa redonda: El Derecho ante la protección frente a la violencia**

- Nuevas tecnologías, inteligencia artificial y violencia contra la infancia y la adolescencia

Dra. Ana Isabel Berrocal Lanzarot, Profesora Contratada Doctora de Derecho Civil (acred. a Titular de Universidad) de la Universidad Complutense de Madrid

- La LOPIVI y su implementación: luces y sombras

Dr. Vicente Cabedo Mallol, Presidente de la Red de Universidades españolas por la Infancia y la Adolescencia. Director de la Cátedra de Infancia y Adolescencia de la Univ. Politécnica de Valencia

- Ruptura familiar y violencia en el marco del régimen de visitas y comunicaciones

Dra. Pilar Benavente Moreda, Profesora Titular de Derecho Civil de la Universidad Autónoma de Madrid

11:30 h **Pausa café**

Organizan:  

Colaboran: 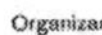          

Financiado por Vicerrectorado de Investigación y Transferencia de la Universidad de La Laguna.
Entidades colaboradoras ULL: Facultad de Derecho de la Universidad de La Laguna; CDE, Centro de Documentación Europea de la Universidad de La Laguna; CIPAMECO, Centro Interuniversitario Internacional de Estudios de la Paz, de la Mediación y la Convivencia de la Univ. de La Laguna CEDESOC, Centro de Estudios de Desigualdad Social y Gobernanza de la Universidad de La Laguna

PROGRAMA

PRECONGRESO MUNDIAL POR LOS DERECHOS DE LA INFANCIA Y LA ADOLESCENCIA:
EL RETO DE LA ELIMINACIÓN DE LA VIOLENCIA

12:00 h **Conferencia: ¿Niños y niñas migrantes o migrantes niños y niñas?**
Dra. Soledad Torrecuadrada García-Lozano, Catedrática de Derecho Internacional Público y Relaciones Internacionales. Universidad Autónoma de Madrid

12:45 h **Conferencia: Características y requisitos de la pericial psicológica en infancia y adolescencia**
Dra. Ana María Martín Rodríguez, Catedrática de Psicología Social de la Universidad de La Laguna

13:15 h **Conferencia: La mediación como institución de protección de la infancia y adolescencia ante la violencia: retos y oportunidades**
Dra. Leticia García Villaluenga, Presidenta de la Conferencia Universitaria Internacional para el Estudio de la Mediación y el Conflicto (CUEMYC)

14:00 h **Almuerzo libre**

16:15 h **Conferencia: El principio del Estado de derecho internacional y la educación en derechos humanos**
Dr. Joaquín González Ibáñez, Profesor de Derecho Internacional Público de la Universidad Complutense de Madrid. Codirector del Instituto Berg de Derechos Humanos

17:00 h **Conferencia de clausura: Autonomía progresiva e interés de la infancia y la adolescencia**
Dr. Vincenzo Barba, Catedrático de Derecho Civil de la La Sapienza Universidad de Roma (Italia)

17:45 h **Clausura**
Dra. Dulce María Cairós Barreto, Decana de la Facultad de Derecho de la Universidad de La Laguna

18:00 h **Actuación musical**

DIRECCIÓN: Dra. Mª Aránzazu Calzadilla Medina
CODIRECCIÓN: Dra. Claudia Hernández López
SECRETARIA ACADÉMICA: Dra. Verónica Daniela Díaz Sazo

ORGANIZA:

- Grupo de Investigación "Derecho, persona y familia". Universidad de La Laguna
- ADDIA, Asociación sin ánimo de lucro para la Defensa de los Derechos de la Infancia y la Adolescencia

FINANCIA: Vicerrectorado de Investigación y Transferencia de la Universidad de La Laguna

Organizan:

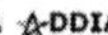

Colaboran:

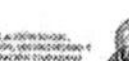

PROGRAMA

PRECONGRESO MUNDIAL POR LOS DERECHOS DE LA INFANCIA Y LA ADOLESCENCIA:
EL RETO DE LA ELIMINACIÓN DE LA VIOLENCIA

CENTROS, PROGRAMAS Y ENTIDADES COLABORADORAS

CHILE

- Programa "Persona, familias y Derecho", Departamento de Derecho Privado, Universidad de Chile
- Facultad de Derecho. Universidad de Valparaíso

CUBA

- Cátedra Integración de las Ciencias y la Educación Superior por un desarrollo sostenible, Universidad de Ciencias Médicas de Villaclara

ESPAÑA

- Facultad de Derecho de la Universidad de La Laguna
- Excelentísimo Cabildo Insular de Tenerife
- Ilustre Ayuntamiento de San Cristóbal de La Laguna
- RUIA, Red nacional de Universidades españolas por la Infancia y Adolescencia
- CDE, Centro de Documentación Europea de la Universidad de La Laguna
- CIA, Cátedra de Infancia y Adolescencia de la Universidad de La Laguna
- Cátedra de Infancia y Adolescencia de la Universidad Politécnica de Valencia
- CIPAMECO, Centro Interuniversitario Internacional de Estudios de la Paz, de la Mediación y la Convivencia de la Universidad de La Laguna
- CUEMYC, Conferencia Universitaria Internacional para el Estudio de la Mediación y el Conflicto
- UNESCO Chair: Transformative Education: Science, Communication and Society, Universidad de Vigo
- CEDESOG, Centro de Estudios de Desigualdad Social y Gobernanza de la Universidad de La Laguna

MÉXICO

- Instituto de Ciencias Sociales y Humanidades "Alfonso Vélez Pliego" de la Benemérita Universidad Autónoma de Puebla
- Restaura Latinoamérica

PANAMÁ

- Observatorio Contra la Explotación Sexual de Niños, Niñas y Adolescentes de la Universidad de Panamá

Organizan: 

Colaboran:         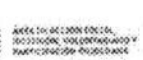

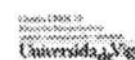 

PROGRAMA

PRECONGRESO MUNDIAL POR LOS DERECHOS DE LA INFANCIA Y LA ADOLESCENCIA: EL RETO DE LA ELIMINACIÓN DE LA VIOLENCIA

COMITÉ CIENTÍFICO

- Dr. Carlos Villagrasa Alcaide, Presidente del Movimiento de los Congresos Mundiales de Infancia y Adolescencia (España)
- Dra. Rommy Álvarez Escudero, Universidad de Valparaíso (Chile)
- Dra. María Elvira Afonso Rodríguez, Universidad de La Laguna (España)
- Dra. Alice Binazzi. Experta externa en Ciencias Sociales y Humanidades de la Comisión Europea (Italia).
- Dr. Daniel Bulgado Benavides, Universidad de Ciencias Médicas de Villa Clara (Cuba)
- Dra. Rosaria Correa Pulice, Universidad de Panamá (Panamá)
- Dra. Francisca Fariña Rivera, Universidad de Vigo (España)
- Dr. Vicente Jesús Navarro Marchante, Universidad de La Laguna (España)
- Dra. Andrea Macía Morillo, Universidad Autónoma de Madrid (España)
- Dra. Fátima Flores Mendoza, Universidad de La Laguna (España)
- Dra. Luz Anyela Morales, Benemérita Universidad Autónoma de Puebla (México)
- Dra. María Elena Sánchez Jordán, Universidad de La Laguna (España)

PROYECTOS DE INVESTIGACIÓN ASOCIADOS

"Hacia una revisión del principio de solidaridad familiar: análisis de su alcance y límites actuales y futuros", PID2019-104226GB-I00, financiado por el Ministerio de Ciencia e Innovación

"Vulnerabilidad, precariedad y brechas sociales. ¿Hacia una redefinición de los derechos fundamentales?", PID2020-114718RB-I00, financiado por MICIU/AEI/10.13039/501100011033

GRUPOS DE INVESTIGACIÓN PARTICIPANTES

- Derecho, persona y familia (DERPEFA) - Universidad de La Laguna
- Familia y Desarrollo Humano (FADE) – Universidad de La Laguna
- Unidad de Psicología Forense de la Universidad de Santiago de Compostela
- Grupo de Investigación en Justicia del Menor (JUSMER) - Universidad de La Laguna

COMITÉ ORGANIZADOR DE LA UNIVERSIDAD DE LA LAGUNA

- Prof. Dra. Irene Aznar Sánchez-Parodi
- Prof. Dra. Sonia Byrne
- Prof. Dra. Estefanía Hernández Torres
- Prof. Dra. María Teresa Manescau Martín
- Prof. Dra. Ruth Martinón Quintero
- Prof. Dr. Juan José Rodríguez Bravo de Laguna
- Prof. Gregorio Alayón Díaz
- Prof. Lucas Sebastián de Erice Aranda
- D. Joaquín Simond González González

Organizan: 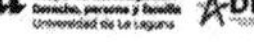 

Colaboran:       

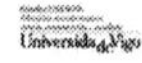 

Financiado por Vicerrectorado de Investigación y Transferencia de la Universidad de La Laguna.
Entidades colaboradoras ULL: Facultad de Derecho de la Universidad de La Laguna, CDE. Centro de Documentación Europea de la Universidad de La Laguna, CIPAMECO. Centro Interuniversitario Internacional de Estudios de la Paz, de la Mediación y la Convivencia de la Univ. de La Laguna CEDESOG. Centro de Estudios de Desigualdad Social y Gobernanza de la Universidad de La Laguna

Agradecimientos

COMITÉ CIENTÍFICO

Dr. Carlos Villagrasa Alcaide, Presidente del Movimiento de los Congresos Mundiales de Infancia y Adolescencia (España)

Dra. Rommy Álvarez Escudero, Universidad de Valparaíso (Chile)

Dra. María Elvira Afonso Rodríguez, Universidad de La Laguna (España)

Dra. Alice Binazzi. Experta externa en Ciencias Sociales y Humanidades de la Comisión Europea (Italia)

Dr. Daniel Bulgado Benavides, Universidad de Ciencias Médicas de Villa Clara (Cuba)

Dra. Rosaria Correa Pulice, Universidad de Panamá (Panamá)

Dra. Francisca Fariña Rivera, Universidad de Vigo (España)

Dra. Fátima Flores Mendoza, Universidad de La Laguna (España)

Dr. Vicente Jesús Navarro Marchante, Universidad de La Laguna (España)

Dra. Andrea Macilla Morillo, Universidad Autónoma de Madrid (España)

Dra. Luz Anyela Morales, Benemérita Universidad Autónoma de Puebla (México)

Dra. María Elena Sánchez Jordán, Universidad de La Laguna (España)

COMITÉ ORGANIZADOR

Prof. Dra. Irene Aznar Sánchez-Parodi

Prof. Dra. Sonia Byrne

Prof. Dra. Estefanía Hernández Torres

Prof. Dra. María Teresa Manescau Martín

Prof. Dra. Ruth Martinón Quintero

Prof. Dr. Juan José Rodríguez Bravo de Laguna

Prof. Gregorio Alayón Díaz

Prof. Lucas Sebastián de Erice Aranda

D. Joaquín Simond González González

PROYECTOS DE INVESTIGACIÓN ASOCIADOS

"Hacia una revisión del principio de solidaridad familiar: análisis de su alcance y límites actuales y futuros", PID2019-104226GB-I00, financiado por el Ministerio de Ciencia e Innovación

"Vulnerabilidad, precariedad y brechas sociales. ¿Hacia una redefinición de los derechos fundamentales?", PID2020-114718RB-I00, financiado por MICIU/AEI/10.13039/501100011033.

GRUPOS DE INVESTIGACIÓN PARTICIPANTES

Derecho, persona y familia (DERPEFA)–Universidad de La Laguna

Familia y Desarrollo Humano (FADE)–Universidad de La Laguna

Unidad de Psicología Forense–Universidad de Santiago de Compostela

Justicia del Menor (JUSMER)–Universidad de La Laguna

PRINCIPAL ENTIDAD FINANCIADORA

Vicerrectorado de Investigación y Transferencia de la Universidad de La Laguna

CENTROS, PROGRAMAS Y ENTIDADES COLABORADORAS

CHILE

Programa "Persona, familias y Derecho", Departamento de Derecho Privado, Universidad de Chile

Facultad de Derecho. Universidad de Valparaíso

CUBA

Cátedra Integración de las Ciencias y la Educación Superior por un desarrollo sostenible, Universidad de Ciencias Médicas de Villaclara

ESPAÑA

Facultad de Derecho de la Universidad de La Laguna

Excmo. Cabildo Insular de Tenerife

Ilustre Ayuntamiento de San Cristóbal de La Laguna

RUIA, Red nacional de Universidades españolas por la Infancia y Adolescencia

CDE, Centro de Documentación Europea de la Universidad de La Laguna

CIA, Cátedra de Infancia y Adolescencia de la Universidad de La Laguna

Cátedra de Infancia y Adolescencia de la Universidad Politécnica de Valencia

CIPAMECO, Centro Interuniversitario Internacional de Estudios de la Paz, de la Mediación y la Convivencia de la Universidad de La Laguna

CUEMYC, Conferencia Universitaria Internacional para el Estudio de la Mediación y el Conflicto

UNESCO Chair: Transformative Education: Science, Communication and Society, Universidad de Vigo

CEDESOG, Centro de Estudios de Desigualdad Social y Gobernanza de la Universidad de La Laguna

MÉXICO

Instituto de Ciencias Sociales y Humanidades "Alfonso Vélez Pliego" de la Benemérita Universidad Autónoma de Puebla

Restaura Latinoamérica

PANAMÁ

Observatorio Contra la Explotación Sexual de Niños, Niñas y Adolescentes de la Universidad de Panamá